DELIUS KLASING

Holger Meyer • Thomas Rögner

BIKE FAHRTECHNIK

Basics
Kurventechnik
Singletrack
Bunny Hop
Wheelie
Downhill

Delius Klasing Verlag

INHALT

LAKE

Fahrtechnik fürs Radfahren – braucht man das wirklich? Diese Frage wird uns immer wieder gestellt, wenn wir vom Mountainbiken sprechen. Seit über zehn Jahren gibt es nun Mountainbikes in Deutschland, und sie haben sich auch nach ihrem ersten starken Boom in den Neunzigern weiterhin sehr gut verkauft. Und das hat seinen Grund.

Wenn man mit seinem Bike nur den Weg zum Bäcker oder zur Eisdiele bewältigen möchte, braucht man keine Tipps zur richtigen Fahrposition auf steilen Schotterwegen. Aber jeder, der sein Mountainbike schon mal auf einer kleinen Tour abseits asphaltierter Straßen bewegt hat, hat sicher schon den Kitzel und den Spaß verspürt, weitere Herausforderungen anzugehen. So ein robustes Bike mit seinen unempfindlichen Stollenreifen, den packenden Bremsen und der leichtgängigen Schaltung ruft in jedem den Entdeckerdrang hervor.

Nach den ersten Ausflügen wagt man sich schon an steilere Auffahrten heran und lernt zum ersten Mal die Grenzen der Traktion oder der Steigfähigkeit seines Mountainbikes kennen. Genauso reizvoll sind die Abfahrten. Nach jedem flotten Downhill lässt man es etwas schneller rollen, bremst etwas später vor den Kurven, versucht noch mehr Schwung für den nächsten Hügel mit zu nehmen. Und wenn einen der Bazillus Naturerlebnis im Sattel einmal richtig infiziert hat, gibt es kein Halten mehr. Krönung des Mountainbikens sind dann, je nach Vorliebe, knifflige Trial-Abfahrten, Sprünge und Stunts, oder Tages- und Wochentouren über alle Berge.

Egal, wohin sich die Vorlieben beim Mountainbiken entwickeln, dabei ist auf jeden Fall mehr gefragt, als sich in den Sattel zu setzen und vor sich hin zu strampeln. Hier hilft die richtige Fahrtechnik, alle Hürden zu meistern und sicher und entspannt am Ziel anzukommen. Deshalb haben wir für alle Mountainbiker, ob Einsteiger, Hobbybiker, Tourenfahrer oder Freerider die wichtigsten Basics der Fahrtechnik zusammengestellt und mit der neuen Sequenz-Fotografie bebildert. Von der richtigen Kurventechnik, die besten Kniffe für Stufen bergauf und bergab, anspruchsvolle Manöver wie Bunny Hops und steile Serpentinen – all das und mehr wird in hervorragenden Fotos festgehalten, die einzelnen Phasen werden am Computer zu einer Sequenz zusammenmontiert und im Text ausführlich erläutert.

Mit den detailreichen informativen Fotos kann jeder Biker die entscheidenden Schritte der jeweiligen Fahrtechniken wie in

Zeitlupe beobachten und dank der leicht verständlichen Beschreibungen nachvollziehen. Holger Meyer, ehemaliger Downhill-Profi und Veranstalter und Leiter zahlreicher Fahrtechnik-Workshops, hat dazu aus seiner langjährigen Erfahrung alle wichtigen Grundlagen erarbeitet und zahlreiche Tipps und Tricks gesammelt, die in jeder Situation auf jeden Fall weiterhelfen. So können Sie mit diesem Buch Ihr Fahrkönnen verbessern und mit Sicherheit mehr Spaß beim Biken haben.

Viel Vergnügen!

Holger Meyer und Thomas Rögner

Mit Sicherheit

mehr Spaß

Mountainbiken ist inzwischen mehr als Fahrrad fahren abseits von Straßen und geteerten Wegen. Es ist ein eigener Sport geworden. Ein Outdoor-Spaß, der sich, wie andere moderne Sportarten, in verschiedene Disziplinen und Stilrichtungen aufsplittert. Doch keine Angst – jeder kann mit seinem Mountainbike das machen, was er möchte und dort, wo er möchte.

Die Grundlagen für die Fahrtechnik sind, wie in allen Outdoor-Sportarten, von diesen grundsätzlichen Faktoren bestimmt: dem Gelände mit dem jeweiligen Untergrund und dem Sportgerät, in diesem Fall dem Fahrrad, auf dem man sich bewegt. Wie viel Spaß Sie auf Ihrem Bike haben werden und wie sicher Sie sich fühlen, hängt wesentlich von Ihrer Fahrtechnik ab, also Ihrem Können und dem Gelände, in dem Sie sich bewegen. Wie in anderen Naturdisziplinen kann es Schwierigkeiten geben, wenn Ihre Könnensstufe nicht zur gewählten Umgebung passt. Wenn Sie als Ski-Anfänger am dritten Tag auf den Brettern stehen, werden Sie auf einer schwarz markierten, also schwierigen Piste wenig Freude haben. Ein Surf-Einsteiger, der sich nach einer Woche Surfunterricht bereits bei Starkwind in meterhohe Wellen wagt, hat keine Chance und wird hoffentlich schnellstens den Rückzug zum rettenden Ufer antreten.

Freerider oder Enduro-Biker: Spaß in jedem Gelände und gerne abwärts.

Nicht so schlimm ergeht es einem Mountainbike-Einsteiger. Hat er die Steigung falsch eingeschätzt, kann er immer noch absteigen und schieben, sowohl bergab wie bergauf. Schwieriger wird es da schon bei einer „echten" Mountainbike-Tour, die in Fachmagazinen und Tourenführern nach drei Kriterien eingeteilt wird: Länge in Kilometern, Dauer in Stunden und Minuten und Anzahl der Höhenmeter, die üblicherweise nur bergauf angegeben wird. Höhenmeter, die man bergab fährt, zählen nicht zur Summe. Als Mountainbike-Neuling sollten Sie keine Tour über 500 Höhenmeter und länger als zwei Stunden angehen. Sie werden zwar als einigermaßen gut trainierter Sportler sicher auch mehr schaffen, aber man kommt, gerade bei sehr holprigen Wegen und zum Teil steilen Anstiegen schneller an seine Leistungsgrenzen, als man zuvor gedacht hätte.

Tourenbiker: lässig, aber wetterfest und mit viel Naturerfahrung.

Hobbybiker benützen ihr Geländerad dann schon zu mehr als nur zum Wochenendausflug in die Eisdiele oder den Biergarten. Zwei bis drei Mal pro Woche sitzen sie im Sattel und das nicht unter zwei Stunden. Mit wachsender Erfahrung und Kondition geht es dann an Touren bis zu tausend Höhenmeter und vierzig Kilometern Länge. Wenn man diese Distanzen problemlos zurücklegt und sich immer noch fit fühlt, kann man die Entfernungen immer weiter nach oben treiben. Für Ausdauerspezialisten sind sechs bis sieben Stunden im Sattel und bis zu 3000 Höhenmeter durchaus machbar. Krönung eines trainierten Tourenfahrers sind dann Mehrtagestouren, Marathons mit über hundert Kilometer und Alpenüberquerungen mit bis zu 25.000 Höhenmetern in zwei Wochen.

Doch mancher Biker sucht seine Herausforderung in ganz anderen Bereichen. Da geht es nicht um die Länge der Tour oder das Landschaftserlebnis, sondern darum, wie man technisch schwierige Passagen meistert. Wie man bei steilsten Anstiegen noch im Sattel bleibt – bergauf und bergab. Freerider oder Enduro nennt man den Bereich des Mountainbikens, in dem sehr viel Wert auf Fahrtechnik gelegt wird. Man will an die Grenzen des Fahrbaren gehen. Man probiert schwierige Stellen wie meterhohe Absätze, verzwickte Wurzelpassagen und steilste Schotterrinnen mehrmals aus, um sie auch sicher meistern zu können. Fahrspaß in jedem

Gelände steht hier an erster Stelle. Durch den Ehrgeiz der Freerider, die Grenzen immer weiter hinauszutreiben, haben sie auch die Industrie dazu gebracht, die Bikes immer robuster und belastbarer auszulegen. Rahmen wurden verstärkt, bissige Scheibenbremsen zur Serienreife entwickelt und Federungssysteme, Gabeln und Fullsuspensionrahmen, mit immer größeren Federwegen ausgestattet, um auch brutale Wegstrecken mit hoher Geschwindigkeit und gleichzeitig sicher und komfortabel zurückzulegen.

So gesehen ist der Freerider eine Mischung aus Downhill- und Tourenfahrer, der ein höheres Gewicht seines Mountainbikes in Kauf nimmt, um noch mehr Fahrspaß und Sicherheit zu erhalten. Ein anderer Bereich, der auch Freerider stark beeinflusst, sind die Trial- oder Trickfahrer. Sie sehen in jedem Hindernis eine Herausforderung, können sich in einem kleinen Parcours stundenlang aufhalten, um meterdicke Baumstämme und Absätze zu überwinden. Oder balancierend wie eine Gemse von einer Stufe der Treppe zur anderen zu hopsen. Mit ihrem ausgeprägten Balancegefühl und dem bewussten Einsatz von Bremsen und Verlagerung des Körperschwerpunkts zeigen sie staunenden Neulingen, was mit einem Mountainbike alles möglich ist. Aus der Trial-Fahrtechnik haben sich viele Tricks und Stunts entwickelt, wie das Hüpfen auf dem Hinterrad, der Wheelie und ähnliche spektakuläre Manöver, die aber jedem Mountainbiker helfen, seine Fahrtechnik im alltäglichen Gelände zu verbessern und seinen Fahrstil sicherer zu gestalten.

Cross-Country oder Marathon: nur leichtes und bestes Equipment.

Hobbybiker: Hose und Handschuhe zum Start, ein Helm dazu wäre noch sicherer.

Egal ob Sie sich als Einsteiger, Hobbybiker, Freerider oder vielleicht als ganz anderen Typen sehen – grundsätzlich hilft die richtige Fahrtechnik jedem, sicherer und komfortabler am Ziel anzukommen. Man sollte sich ruhig aus dem großen Topf der verschiedenen Stilrichtungen bedienen und sich sein eigenes Bike-Menu zusammenstellen. Man muss nicht den Bunny Hop beherrschen, um auf große Tour zu gehen. Niemand zwingt einen, senkrechte Schotterhänge mit dem Bike zu bewältigen. Aber wenn man sich immer wieder mal an verschiedene Tricks und Manöver heranwagt, sein eigenes Können und sein Gefühl auf und mit dem Mountainbike verbessert, macht das Fahren auf jeden Fall mehr Vergnügen, und man wird sicherer. Und darum geht es letztendlich auch beim Biken, wie bei jedem Sport: mit Sicherheit mehr Spaß zu haben.

Zu zweit oder in der Gruppe macht Mountainbiken mindestens doppelt so viel Spaß.

Basics: schalten und bremsen

Bei 24 Gängen kann's im Getriebe schon mal krachen. Und wer auf losem Schotter zu heftig an der Vorderbremse zieht, dem bricht neben dem Vorderrad auch schon mal der Schweiß aus. Mountainbiken ist wie Fahrrad fahren – nur schöner, wenn man sich mit der Schaltung und den Bremsen vertraut gemacht hat.

SCHALTEN UND BREMSEN

Schalten kann doch jedes Kind – das stimmt, wenn man zuletzt auf dem Fahrrad saß, als eine Dreigang-Nabenschaltung namens Torpedo Stand der Technik war. Inzwischen hat sich an Mountainbikes die robuste und einfach einzustellende Kettenschaltung durchgesetzt, wie sie prinzipell auch beim Rennrad schon seit Jahrzehnten im Einsatz ist. Die Anzahl der Gänge wird dabei aus der Zahl der vorderen Kettenblätter und der hinteren Ritzel, wie man die kleinen Zahnräder nennt, bestimmt. Vorne drei Kettenblätter mal sieben Ritzel hinten macht 21 Gänge. Bei älteren oder billigen Bikes sind es 18, bei High-Tech-Rädern inzwischen sogar 27 Gänge, da an der hinteren Nabe durch kompakte Bauweise und schmale Ketten sogar neun Ritzel untergebracht werden. Die tatsächlich nutzbare Zahl der Gänge liegt dabei bei rund vierzehn, denn einige der möglichen Gänge sind vom Übersetzungsverhältnis nahezu identisch. Die Übersetzung bestimmt auch die so genannte Entfaltung. Pro Kurbelumdrehung legt man je nach eingelegtem Gang eine bestimmte Wegstrecke zurück, das nennt man Entfaltung. Mountainbikes müssen ein großes Spektrum abdecken, da man mit ihnen extreme Steigungen bewältigen will, aber auch zum Teil mit bis zu achtzig Stundenkilometern bergab unterwegs ist.

Die kleinsten, also die Berggänge (englisch auch granny gear genannt), stellen dabei eine so genannte Untersetzung dar.

Beste Bremswirkung erzielt man, wenn das Gewicht hinter dem Sattel liegt. Hier die optimale Haltung für Abfahrten, beide Hände immer an den Bremsen.

Scheibenbremsen können sehr giftig ansprechen. Gerade die vordere Disc erfordert beim Dosieren noch mehr Gefühl als die üblichen Felgenbremsen. Bei Nässe sind die Scheibenstopper dafür den V-Brakes überlegen.

Dabei liegt die Kette vorne auf dem kleinsten, inneren Kettenblatt mit meist 20 Zähnen und hinten auf dem innersten größten Ritzel, das normalerweise 30 bis 34 Zähne aufweist, je nach Zahnkranzpaket. Als Beispiel: Bei einer Übersetzung von 20:32 dreht sich also das Hinterrad bei einer Kurbelumdrehung 0,625-mal. Das ergibt eine Entfaltung – bei einem Radumfang von 2,08 Metern – von rund 1,2 Metern. Gleiche Rechnung für einen großen Gang: Übersetzung 28:14, somit eine Entfaltung von rund 4,2 Metern. Man legt also mit wenigen Kurbelumdrehungen große Strecken zurück.

OPTIMALE DREHZAHL SPART KRAFT

Zweck der Übersetzung ist es, möglichst immer die gleiche „Drehzahl", etwa 60 bis 80 Kurbelumdrehungen pro Minute zu ermöglichen. Rennradfahrer und Profis versuchen noch höhere Drehzahlen zu erreichen, zum Teil 90 bis 120. Dies gilt natürlich bei extremen und langen Steigungen, wie sie bei Mountainbike-Touren auftreten, und für Einsteiger nicht. Doch zumindest versucht man, sich diesem Ideal anzunähern, weil Untersuchungen ergeben haben, dass höhere Umdrehungszahlen bei geringerem Kraftaufwand der

Bei guten Bremsen kann man den Abstand zum Lenker einstellen. Den Bremshebel relativ nahe an den Griff kommen lassen, bis die Bremse blockiert (links). Das vermeidet auf langen Abfahrten Krämpfe im Unterarm.

menschlichen Muskulatur entgegenkommen.

Das Schalten im Gelände sollte immer nach dem gleichen Schema und vor allem vorausschauend geschehen. Da der Biker sein eigener Motor ist, bringt es wenig, erst dann zu schalten, wenn einem am Berg die Kraft ausgeht. Man sollte sein Kraftwerk schön in Schwung halten. Also schaltet man schon in der Ebene oder auf den ersten Metern des Anstiegs in kleinere Gänge, um die Dynamik zu erhalten und seine Power zu konservieren. Weil die Kette auf den hinteren Ritzeln kleinere Sprünge macht und vorne unwilliger von Kettenblatt zu Kettenblatt wandert, sollte man vor Anstiegen möglichst erst vorne und dann hinten schalten. Alle Gangschaltungen, egal ob Rapidfire (Daumen- und Zeigefinger-Schalthebel) oder Drehgriff-Systeme (GripShift), steuern das hintere Schaltwerk mit den rechten Schalthebeln. Den vorderen so genannten Umwerfer direkt über dem Tretlager betätigt man mit den linken Schalthebeln.

SO SCHALTET MAN SCHONEND

Am besten übt man in der Ebene und auf den ersten Touren ein wenig das Schalten und „erfühlt", wie lange es dauert, bis die Kette vom mittleren aufs kleine Blatt fällt bzw. bis sie vom kleinen oder mittleren auf das größere Kettenblatt klettert. Dies ist natürlich vom Schaltungsmodell und von der Drehzahl abhängig. Je schneller sich die Kurbeln drehen, desto flotter wird auch die Kette wechseln. Auch das ist ein Grund, weswegen man vor dem Anstieg, wenn man noch flott kurbelt, den vorderen Umwerfer betätigen sollte. Stampft man nur noch langsam am Berg hoch und betätigt dann (links) den Umwerfer, wird es eine halbe Ewigkeit dauern, bis die Kette dorthin gerasselt ist, wo sie hin soll.

Der zweite Grund, warum man frühzeitig schalten sollte: Die Kette steht erheblich unter Zug, wenn man mit voller Kraft tritt. Gleichzeitig wird sie nun aber vom Umwerfer gezwungen, sich zu verbiegen und steht seitlich unter Druck. Je weniger Kraft, also Zug, auf der Kette lastet, desto flotter und reibungsloser wird sie von einem Kettenblatt zum anderen laufen. Das hört man auch. Obwohl moderne Fahrradketten sehr flexibel und gleichzeitig haltbar sind, quittieren sie Schaltvorgänge unter voller Last mit hörbarem Krachen und Ächzen. Wenn man während des Schaltvorgangs kurz den Druck vom Pedal nimmt, werden die Gänge schneller flutschen und die Kette bedankt sich mit einer höheren Lebensdauer.

Das hintere Schaltwerk muss kürzere Wege zurücklegen und die Zähnedifferenz ist geringer als vorne, sodass hier die Kette viel schneller von einem Ritzel zum anderen hüpft. Selbst in der Steigung kann man noch einen oder mehrere Gänge hochschalten, wobei auch hier der Schaltvorgang leichter abläuft, wenn man noch kurz den Druck aufs Pedal reduziert, falls dies noch möglich ist. Auf schnellen Abfahrten, auf denen man nicht mehr tritt, sollte man die Kette aufs mittlere Blatt legen. So fällt sie nicht durch Schläge nach innen aufs Tretlager herunter. Geht es nur leicht abwärts und es kommen wieder Gegenanstiege, vor allem auf unübersichtlichen Singletrails, lässt man die Kette am besten auf dem inneren Kettenblatt, so kann man auch kurze steile Buckel noch locker packen.

Vermeiden Sie jedoch extreme Schrägführungen der Kette, beispielsweise vorne und hinten auf dem größten Zahnrad. Durch diesen Schräglauf verschenkt man Kraft und die Kette wird erheblich belastet, da sie ständig schräg an den Zahnkränzen entlang reibt. Moderne Schaltungen vertragen es, vom mittleren Kettenblatt alle hinteren Gänge zu schalten, doch wer seinem Getriebe etwas Gutes tun will, vermeidet dies und wechselt rechtzeitig den Gang.

RICHTIGES BREMSEN

Neben den leichtgängigen Rasterschaltungen hat das Mountainbike vor allem im Bereich der Bremsen einen starken Innovationsschub für die ganze Fahrradindustrie gebracht. Aus den Felgenbremsen entwickelte man zunächst Cantilever-Bremsen, die durch ihr Hebelverhältnis die Felge viel kräftiger in die Zange nehmen, als die im Rennradbau üblichen Kneifer. Daraus wurden dann die so genannten V-Brakes, die noch längere Hebel und bessere Verzögerungswerte bei geringeren Handkräften aufweisen. Krönung der technischen Entwicklung, zumindest was die Bremsleistungen in allen Bedingungen, vor allem Nässe angeht, sind hydraulische Scheibenbremsen, die genauso wie ihre großen Brüder aus dem Auto- und Motorradbau funktionieren. Packt man hier an der Vorderradbremse einmal zu heftig zu, ist meist ein Tiefflug über den Lenker die schmerzhafte Folge.

Bevor man an die ersten Bremsmanöver geht, sollte man seine Bremshebel optimal einstellen. Meist sind die Hebel mit einer Inbusschraube am Lenker fixiert. Diese öffnet man, bis man die Hebel verdrehen und leicht verschieben kann. Stellen Sie die Hebel schräg nach unten. Sie sollten so stehen, dass sie eine Linie mit der Verlängerung Ihrer Unterarme bilden, wenn Sie auf dem Bike sitzen. So muss man die Handgelenke nicht verdrehen und erspart sich Krämpfe im Unterarm. Wenn man die Armaturen zudem noch ein bis zwei Zentimeter Richtung Lenkermitte schiebt, kann man mit einem oder zwei Fingern – die häufigste Bremshaltung – mehr Kraft ausüben. Noch zwei wichtige Einstellungen: Der Abstand der Hebel vom Len-

Beste Kontrolle: drei Finger am Lenkergriff, zwei am Bremshebel (oben).
Die Bremsarmaturen dreht man am Lenker nach unten, sodass sie in Verlängerung der Unterarme stehen. Dies geht meist mit einem Inbusschlüssel. In dieser Position muss man das Handgelenk nicht verdrehen, schont seine Gelenke und spart Kraft.

Am hinteren Schaltwerk flutscht die Kette schneller als vorne. Doch auch hier muss sie sich seitlich verbiegen. Lieber die Pedale während des Schaltvorgangs kurz entlasten, dann kracht es weniger im Getriebe und alle Teile bedanken sich mit höherer Lebensdauer.

kergriff, und wie weit sie sich anziehen lassen, bis die Bremse blockiert. Vor allem Biker mit kleineren Händen und Frauen sollten die Bremshebel näher an den Lenker bringen. Dies geht mit Hilfe einer Einstellschraube direkt am Bremshebel.

Den Weg des Bremshebels stellt man mit dem Abstand der Bremsklötze von der Felge ein. Dabei sollte man die Hebel ruhig bis fast zum Lenkergriff durchziehen können. Auf langen Abfahrten spart dies erheblich Kraft in den Händen, weil man umso besser zupacken kann, je enger die Faust ist. Probieren Sie es ruhig einmal aus, auch wenn sich diese Bremseneinstellung zunächst sehr „weich" anfühlt. Entscheidend ist der Blockierpunkt der Bremse. Ist dieser erreicht, bevor der Bremshebel am Griff anliegt, können Sie sowieso keine größere Bremskraft mehr erzielen. Blockiert ist blockiert.

VORNE LIEGT DIE BREMSPOWER

Wie bei allen Fahrzeugen mit Reifen erzielt man auf dem Mountainbike die größte Verzögerung mit der Vorderbremse. Man sollte daher die Bremskraft vorne zu etwa 70 Prozent einsetzen, die hintere Bremse nur etwa für 30 Prozent der Bremswirkung. Darum sollte man für eine möglichst effektive Wirkung den Einsatz der Vorderbremse gut üben, ein funktionierendes ABS gibt's leider noch nicht. Wenn man dabei noch das Gewicht hinter den Sattel und nach unten verlagert, nützt man die Bremspower noch besser aus. Doch bei steilen Abfahrten ergibt sich dies ganz von selbst.

Vorsicht ist jedoch auf lockerem (Schotter) oder nassem Untergrund geboten. Ist der Boden zum Beispiel sehr rutschig (nasse Wurzeln), ist die Vorderbremse Gift. Also muss man das Verhältnis von Vorder- zu Hinterbremse variieren, in etwa 50 zu 50. Ist der Boden griffig, kann man dies wieder ändern und vorne stärker zupacken. Seid flexibel und entwickelt Gefühl für eure Bremsen. Probiert aus, wie es sich anfühlt, wenn das Hinterrad blockiert.

NOSE-WHEELIES ZUR ÜBUNG

Man sollte auch probieren, wie es sich anfühlt, wenn das Vorderrad blockiert. Gute Übungen dazu sind kleine Nose-Wheelies, die man aber zunächst auf Asphalt oder griffigem Rasen antesten sollte. Dabei versucht man, die Vorderbremse so stark zu ziehen, dass das Hinterrad vom Boden abhebt. In allen Fällen gilt: Bevor man wegrutscht oder sich überschlägt, Bremse lösen, denn nur wenn das Bike rollt, ist es im Gleichgewicht und in einem stabilen Zustand.

Als nächsten Schritt gilt es, den Körperschwerpunkt beim Bremsen so weit nach hinten zu bringen, dass das Hinterrad nicht blockiert. Denn nur ein rollendes Rad kann Kräfte auf den Boden übertragen. Das ist auch bei den Bremskräften so. Außerdem wirken beim Bremsen alle Kräfte in Richtung vorne. Dem sollte man entgegenwirken, um maximale Bremskraft zu erzielen. Taste dich vorsichtig an den Grenzbereich heran. Die Rückmeldung, diesen überschritten zu haben, könnte sonst schmerzhaft werden.

Balance bringt Sicherheit

Wer stehen kann, bikt besser. Mit einem guten Gleichgewichtsgefühl vermeidet man unnötige Absteiger im Gelände und bewältigt gelassen die Stolperstellen auf der Tour.

BALANCIEREN ALS GRUNDLAGE

Balancieren ist die Technik beim Mountainbiken, die am stärksten unterschätzt wird. Wer die Balance für mehrere Sekunden oder gar Minuten halten kann, ohne gleich nervös zu werden, schafft Stufen, Serpentinen und knifflige Passagen im Gelände problemlos. Nicht umsonst ist das Balancieren die Grundlage für Mountainbike-Trialkünstler, die mit Ruhe und Kraft unglaubliche Hindernisse auf dem Bike überwinden.

Mountainbiken bedeutet für die meisten, nur die tollsten Touren zu fahren.

Wer sicher stehen kann, schreckt auch vor schmalen ausgesetzten Passagen nicht zurück. Langsam ist schwieriger als schnell zu fahren.

Doch die Grundlagen für die Fahrtechnik in allen schwierigen Stellen im Gelände kann man sich vor der eigenen Haustür holen. Viel zu wenige Mountainbiker nehmen sich die Zeit, die Grundtechniken, darunter vor allem das Balancieren, einmal in Ruhe durchzudenken und auszuprobieren. Man sollte seine Balance üben. Das ist kein Fahrtechnik-Trick, den man einmal begreift und dann für immer beherrscht. Je öfter und ausdauernder man das Balancieren trainiert, desto selbstverständlicher wird es einem gelingen.

ÜBEN GEHT ÜBERALL

Dabei muss man gar nicht langweilig und stupide stundenlang auf einem Parkplatz oder zu Hause in der Garage stehen – auch wenn das natürlich ebenfalls viel Routine bringen würde. Wer genügend Platz hat, kann das Bike auch ins Wohnzimmer mitnehmen und vor dem Fernseher üben. Hervorragend geeignet sind natürlich Filme mit Überlänge oder langweilige Bundesliga-Matches. Draußen kann man immer trainieren, das Training im Sattel ergibt sich von selbst. Balanceübungen lassen sich auf jeder Fahrt einbauen. Beispielsweise vor der Pause auf der Tour einfach noch mal eine Minute balancieren, bevor man sich die Erfrischung gönnt. Oder beim Cruisen durch die Stadt: Man versucht jeden Stopp, an der Kreuzung, vor der Ampel, mit den Füßen auf den Pedalen sprichwörtlich durchzustehen.

Wer eine halbe oder gar mehrere Minuten auf seinem Mountainbike stehen blei-

Standübungen

Für den Balancestand steht man auf beiden Pedalen, die Kurbeln waagerecht. Die Hände ziehen beide Bremsen, den Lenker schlägt man ein (links). Wer sich an den Balancestand herantasten will, fährt um einen Gegenstand Kreise, so eng wie möglich und so langsam wie es geht. Dazu tritt man in einem mittleren Gang ganz langsam und bremst fast bis zum Stillstand ab. Ziel: mit dem Lenker am Oberrohr den kleinsten Wendekreis des Bikes schaffen.

ben kann, ohne den Fuß absetzen zu müssen, profitiert davon in vielen Situationen. Gerade in den schwierigen Abschnitten wie Steilstücken oder Serpentinen, die jedem Biker Probleme bereiten. Die Kunst in diesen Passagen besteht darin, möglichst langsam und in Ruhe, also fast im Stand mit kontrolliertem Bremsen zu fahren, ohne umzukippen.

Eine bestimmte Position ermöglicht die beste Kontrolle beim Balancieren: Du stehst auf den Pedalen, den Schokoladenfuß vorne. Schokoladenfuß nennen wir ab jetzt den Fuß, den du am liebsten vorne hast, beispielsweise beim Anfahren oder wenn man auf den Pedalen stehend rollt. Der Körperschwerpunkt befindet sich vor dem Tretlager, deine Schultern stehen über dem Lenker! Mit beiden Händen an den Bremsen und Druck auf das vordere Pedal kannst du nun mit Stop-and-Go immer wieder deine Balance finden. Dazu hat man einen mittleren Gang eingelegt, um genügend Druck aufs Pedal ausüben zu können. Nimmt man den kleinsten Gang, tritt man fast ins Leere. Am besten liegt die Kette vorne und hinten auf dem mittleren Zahnrad.

IMMER NACH VORNE BLICKEN

Versuche, möglichst ruhig auf dem Bike zu bleiben und allzu heftige Bewegungen zu vermeiden. Auch die Ausgleichsbewegungen, falls das Bike zu kippen droht, sollten ruhig und mit wenig Aufwand ausgeführt werden. Am besten fixiert man mit den Augen einen Punkt einige Meter weit vor dem Bike. Das funktioniert wie beim Tragen von vollen Gläsern: Schaut man immer nur nach unten, auf das Tablett oder das Glas, wird man garantiert etwas verschütten. Blickt man nach vorne und überlässt die Körpersteuerung dem Gefühl und der Rückmeldung der Nervensensoren, funktioniert es besser und wie von selbst.

SO GEHT DER STILLSTAND

Wer mit dem freien Balancieren Probleme hat, kann dazu zwei Vorübungen ausprobieren. Beispielsweise lehnst du das Vorderrad gegen einen festen Widerstand, eine Bank, einen Baum oder eine Wand. In dieser Haltung sollten fünf Minuten Balance schon drin sein. Zu den Vorübungen für den freien Stand gehört auch das langsame Geradeausfahren. Ein Muss auf sehr schmalen Singletrails. Hierfür kann man viel Routine und Sicherheit in der Ebene gewinnen. Du fängst am besten an, auf Straßen- oder Parkplatzmarkierungen zu balancieren. Und dann steigern. Bürgersteigkanten eignen sich hervorragend als nächste Stufe. Dann den Schwebebalken von der Baustelle nebenan ausleihen und drüber balancieren. Das Prinzip ist überall das gleiche. Blick möglichst weit nach vorne, eine etwas höhere Grundgeschwindigkeit stabilisiert das Bike. Immer da hinschauen, wo du wirklich hin willst.

Die Kurbeln waagerecht, stehend mittig über dem Bike hat man die ideale Position für Stehversuche an der Ampel oder am Startgatter. Tiefer Sattel kann, muss aber nicht sein.

Klein anfangen. Bürgersteige und Parkplatzmarkierungen bieten ideale Übungsmöglichkeiten. Wie beim Seiltanz: Der Körper gleicht aus, der Blick geht weit voraus, um die Fahrt zu stabilisieren.

Eine andere nette Übung besteht darin, immer engere Kreise zu fahren. Versuche, den kleinstmöglichen Radius mit dem Bike zu drehen und das so langsam wie nur möglich. Das gibt Sicherheit für die ungeliebten Serpentinen. Spezialisten schaffen es sogar, mit dem Lenker am Oberrohr zu kreiseln. Das innere Bein spreizt man ab, damit der Lenker Platz hat. Gleichzeitig kann man die Knie so als Balancehilfe benützen.

BALANCE IST EIN KINDERSPIEL

Gemeinsam bringt das Gleichgewichtstraining mehr Spaß. Markiert ein Spielfeld mit drei mal drei Metern, in dem ihr euch mit den Bikes bewegt und immer wieder stehen bleibt und balanciert. Man kann auch ein Zeitlimit ausmachen, zwei mal 15 Minuten beispielsweise. Natürlich dürft ihr den oder die anderen Spieler auch

Wer sich in der Ebene sicher fühlt, kann sich in die Höhe wagen. Wichtig: Nicht nach unten schauen, sondern Augen immer geradeaus auf einen Punkt vor den Lenker richten.

stören. An ihn ranfahren, mit dem Ellenbogen berühren, sich in den Weg stellen, sodass er nicht nach vorne weg fahren kann. Man kann das Stop-and-Go-Spiel in zwei Varianten anlegen. Entweder man kassiert Strafpunkte für jedes Mal Fuß absetzen, und wer zuerst eine festgelegte Punktzahl erreicht, hat verloren. Oder man spielt die Radikalvariante: Wer den Fuß absetzt, hat verloren.

Eine Steigerung des Balancierens wäre dann, das Vorder- und das Hinterrad im Stand zu versetzen, entweder einzeln oder auf einmal. Falls man das Gleichgewicht verliert, kann man mit einem kräftigen Ruck am Lenker und einer kurzen Gewichtsverlagerung nach links oder rechts den Vorderreifen seitlich versetzen. Spezialisten schaffen hierbei sogar 180 Grad und wenden diesen Trick an, um auf engen Trails zu wenden ohne abzusteigen.

Beherrscht man bereits die Absprungtechnik für den Bunny Hop (Kapitel 5) oder fährt mit Klickpedalen, kann man auch das Hinterrad versetzen. Dazu verlagert man sein Gewicht Richtung Lenker und entlastet damit das Heck, zieht die Beine an und wirft die Hüfte zur Seite. Auch dabei sind bis zu 180 Grad möglich. Könner springen auch mit dem ganzen Bike zur Seite, indem sie den Körper etwas kippen lassen und dann mit Vorder- und Hinterrad gleichzeitig hoch und zur Seite hüpfen, also dem eigenen Schwerpunkt hinterher. Wer das Balancieren schon beherrscht, kann sich an diesen Sprungübungen aus dem Stand versuchen.

Anlehnen erlaubt

Man lernt das freie Balancieren leichter, wenn man sich zunächst ein bisschen anlehnt. Dazu ist jede Mauer, ein Baumstamm oder eine Parkbank geeignet. Ranfahren bis der Vorderreifen richtig fest dagegen drückt und das Rad mit gezogenen Bremsen so halten. Mit Druck auf das vordere Pedal wird der Reifen weiter gegen das Hindernis gepresst. Lässt man die Bremsen los und verringert den Druck aufs Pedal, bekommt man ein Gefühl für den freien Stand. Tritt man leicht an, stabilisiert die Stütze wieder das Mountainbike.

Continental
SCOTT

Bunny Hop

Der Sprung über Hindernisse schaut nicht nur gut aus – man braucht ihn auch immer wieder. Wer den Bunny Hop beherrscht, kommt mit vielen anderen Fahrtechniken viel leichter zurecht.

BUNNY HOP

Um ein Hindernis auf dem Trail zu überspringen, bedient man sich des Bunny Hops. Zwar ist dieses Manöver nicht ganz leicht zu erlernen, weil es eine große Portion Koordination und Timing erfordert. Doch hat man den Trick zur Überlistung der Schwerkraft erst einmal durchschaut, bringt es einem jede Menge Sicherheit auf dem Trail. Denn manche Wurzeln oder fette Rinnen überspringt man schneller und einfacher, als abzubremsen und darüber- oder durchzufahren.

Beim „echten" Bunny Hop geht es darum, zuerst das Vorderrad und dann das Hinterrad in die Luft zu bekommen. Diese Technik macht das Timing schwierig, vor allem wenn man robuste Hindernisse überfliegen will. Kommt das Vorderrad zu früh runter, knallt man in den Baumstamm. Kommt es zu spät vom Boden weg, bleibt man hängen. Das Gleiche gilt für das Hinterrad. Ziehst du das nicht rechtzeitig hoch genug, riskierst du einen Platten oder vielleicht eine verbeulte Felge.

KEINEN „FALSCHEN HASEN"

Durch die Einführung der Klickpedale, der festen Verbindung zwischen Schuh und Pedal, ist es viel einfacher geworden, mit dem Bike zu springen. Man rollt einfach im Stehen auf den waagerechten Kurbeln und zieht ruckartig den Lenker und beide Füße nach oben. So bringt man beide Reifen nach oben. Dieser „falsche Hase" hat aber Nachteile: Man braucht eine hohe Grundgeschwindigkeit, um weiter zu springen, und man ist von der Sprunghöhe limitiert. Selbst wenn man versucht, die Knie bis unters Kinn zu bringen, wird man nicht höher als 40 bis 50 Zentimeter vom Boden abheben. Der Rekord im Bike-Hochsprung liegt aber weit über einem Meter! Solche Höhen schafft man nur mit der korrekten, sprich besseren Bunny-Hop-Technik, bei der zuerst das Vorderteil und dann das Hinterteil des Mountainbikes hochgezogen wird.

Der richtige „Hase Hüpf" besteht aus einer zweiphasigen Bewegung: Erst gibt man durch Beugen und Strecken der Arme

ANFAHRT Im Stehen. Die Pedale sind waagerecht zum Boden. Ihr visiert genau das Hindernis an, um rechtzeitig das Vorderrad nach oben zu bringen: möglichst knapp vor der Hürde, um maximale Sprungweite zu erzielen. Aber auf keinen Fall zu spät.

ABSPRUNG Durch Beugen und explosives Strecken der Arme den Lenker in die Luft reißen. Die Stärke des Impulses ist abhängig von der Höhe des Hindernisses. Man sieht direkt am flachgedrückten Hinterreifen, wie energisch und dynamisch die Gewichtsverlagerung und der Abdruck für den Jump erfolgt. Jetzt ist das Timing für den Start des Hecks entscheidend.

FLUGPHASE Das Körpergewicht wird nun von hinten explosiv nach vorne oben verlagert. Dadurch entlasten wir das Hinterrad und können das Bike durch eine Drehbewegung am Lenker nach vorne unter dem Körper hindurch schieben. Der tiefer gestellte Sattel bietet mehr Bewegungsfreiheit über dem Bike.

LANDUNG Die Landung erfolgt im Idealfall mit beiden Rädern gleichzeitig und wird von Armen und Beinen weich abgefedert. Am Anfang ist es aber nicht schlimm, mit dem Vorderrad etwas eher aufzukommen. Es gibt euch Feedback darüber, dass euer Bunny Hop tatsächlich zweiphasig ablief. Also zuerst das Vorderrad und dann das Hinterrad in der Luft war.

Häufige Fehler: Sind wir zu spät mit dem Auftakt, knallen wir mit dem Vorderrad gegen das Hindernis. Sind wir zu langsam in der Bewegung, reißen wir das Hindernis mit dem Hinterrad um. Es kann sogar sein, dass wir zu früh das Vorderrad hochreißen und dann schon vor dem Hindernis wieder aufsetzen. In jedem Fall stimmt das Timing noch nicht. Also einen Schritt zurück: Markierung auf der Ebene (z.B. Parkplatz) machen und dort das Timing üben. Im Idealfall braucht ihr gar nicht schnell unterwegs zu sein. Sondern könnt sogar noch, während ihr das Vorderrad schon in der Luft habt, nach unten schauen und den Abstand des Hinterrades zum Hindernis einschätzen und dann im richtigen Moment vom Boden abdrücken.

den Impuls am Lenker, damit das Vorderrad abhebt. Dann folgt das Abdrücken vom Boden mit den Füßen, und man schiebt das Bike durch Strecken der Arme nach vorne. Diese Bewegung erinnert an einen Rodeoritt. Erst wird der Impuls nach hinten oben gerichtet, dann abgebrochen und wieder nach vorne oben gesteuert. Dabei spielt der Körperschwerpunkt eine große Rolle. Dessen Laufbahn sieht aus, als ob er eine doppelte Wellenlinie beschreibt, wie bei einem Cowboy, der sich im Sattel eines bockenden Mustangs hält. Der Vorteil des richtigen Bunny Hops: Du kannst höhere Hindernisse mit weniger Geschwindigkeit überwinden. Könner springen sogar aus Schrittgeschwindigkeit über stuhlhohe Brocken.

HIGH SPEED IST GEFÄHRLICH

Vielen mag der falsche Bunny Hop einfacher erscheinen und genügen. Doch er hat entscheidende Nachteile: Auf schwierigen Singletracks kann man nicht mit Full Speed fahren. Kurven, Wurzeln, Zweige bremsen einen immer wieder ab, die Grundgeschwindigkeit reicht nicht für weite Sprünge. Will man den Hop mit hoher Geschwindigkeit springen, geht es beim Timing um Sekundenbruchteile, und der kleinste Fehler kann sich blitzschnell zum Mega-Crash auswachsen. Ein kleines Rechenbeispiel: Rast du mit 36 Stundenkilometern auf einen Baumstamm zu, legst du genau 10 Meter pro Sekunde zurück. Das verkürzt die Reaktionszeit erheblich, denn will man einen Meter vor dem Baumstamm abspringen, bleibt einem nur eine Zehntelsekunde Zeit, das Bike in die Luft zu bringen. Und eigentlich müsste man noch knapper, eher einen halben Meter vor dem Baum abspringen, um nicht so lange in der Luft bleiben zu müssen. Bei einem Viertel der Geschwindigkeit, also 9 Stundenkilometern, hat man auch vier Mal so viel Zeit, das Manöver zu starten.

Stichwort Kontrolle: Die zweiphasige echte Bunny-Hop-Technik hat zusätzlich den Vorteil des längeren Bodenkontakts. Man braucht weniger Grundgeschwindigkeit und man kann deutlich höhere Hindernisse überspringen. Trial-Asse wie Hans „No Way" Rey springen fast aus dem Stand locker über einen Meter.

Genug der grauen Theorie, wie geht das in der Praxis? Man übt einfach die zwei Phasen getrennt und in Ruhe, um sie dann zusammen zu bauen und den zeitlichen Ablauf zu optimieren. Entscheidend ist das Timing. Um das Vorderrad vom Boden zu bekommen, ist es wirklich wichtig, nicht nur die Arme anzuziehen und sich dadurch vorzugaukeln, man bekäme das Rad in die Luft. Richtige Reihenfolge: Erst Beugen der Arme und

Tipps und Tricks

- Am besten fangt ihr in einer leeren Straße oder auf einem Parkplatz zu üben an.
- Sucht euch eine Markierung oder kleine Stöckchen. Probiert diese langsam zu überqueren, ohne sie zu touchieren. Auch das Hinterrad soll nicht berühren. Denkt an die zwei Phasen des Bunny Hops: erst das Vorderrad, dann das Hinterrad in die Höhe.
- Steigert die Geschwindigkeit, und ihr werdet merken, dass die Zeit einfach nicht ausreicht, beide Bewegungen nacheinander auszuführen. Man knallt immer mit dem Hinterrad gegen das Stöckchen.
- Jetzt ist der Punkt gekommen, die Bewegungen zu verschmelzen. Am besten ohne Hindernis. Nehmt euch die Zeit auf dem Parkplatz, den Rodeo-Trick anzuwenden: das Bike wie einen wilden Mustang bocken lassen. Aber lasst euch nicht abwerfen. Wem das zu wild ist, der denkt an die Leichtathletik. Hochsprung im Flop: erst der Kopf, dann die Beine. Erst das Vorderrad, dann das Hinterrad.
- Wenn das klappt, ran ans Hindernis. Am besten einen oder mehrere Schuhkartons bereit halten. Wenn man da mal drauf landet, passiert nichts. Ihr könnt sie dann in alle Richtungen aufstellen, hochkant oder quer, je nach Anspruch. Schön wäre, wenn sie heil bleiben. So arbeitet ihr euch hoch. Und dann jumpt ihr im Gelände über den fiesen Baumstamm, wo ihr sonst absteigen musstet.

dann explosives Strecken der Arme und gleichzeitig mit dem Körpergewicht nach hinten gehen, und schon seid ihr auf dem Hinterrad.

BESSER MIT DEM BUNNY HOP

Das Tolle am Biken: Alles funktioniert nach den gleichen Grundprinzipien, alle Bewegungsabläufe hängen zusammen. Man erhält mit wenigen Aktionen viele verschiedene Funktionen. Im Klartext: Der Wheelie (Kapitel 6) beeinflusst den Bunny

Auch ohne Klickpedale klebt der Fuß am Pedal, wenn man sich im Bike verspreizt und die Füße nach hinten-oben gegen die Pedale drückt. Stellt euch dabei vor, den Fuß geradezu ums Pedal wickeln zu wollen.

Vorübungen

VORDERRAD HOCH
Die zwei Phasen des Bunny Hops getrennt voneinander üben. Durch Beugen und Strecken der Arme erfolgt eine Impulsübertragung auf den Lenker, gleichzeitig das Gewicht nach hinten verlagern.

HINTERRAD HOCH
Das Gleiche umgekehrt für das Anheben des Hinterrads. Die Gewichtsverlagerung erfolgt dabei explosiv von hinten-unten nach vorne-oben.

KANTE HOCH
An kleinen Hindernissen die beiden Bewegungen miteinander verschmelzen lassen. Bei Verwendung von Flat Pedals sieht man hier die Verkeilung in den Pedalen, um die Entlastung des Hinterrades zu unterstützen. Zwei Phasen beibehalten: erst das Vorderrad, dann das Hinterrad. Verschiedene Geschwindigkeiten ausprobieren.

Hop und umgekehrt. Genauso lässt euch die geübte Anliegerkurve schneller und sicherer durch die normale Schotterkurve fahren. Alles beeinflusst sich gegenseitig, deshalb sind alle neuen Manöver auf dem Bike eine Erfahrungserweiterung und deshalb auch eine Verbesserung für die individuelle Fahrtechnik.

Somit stellt die Bunny-Hop-Vorübung den ersten kleinen Manual dar (Kapitel 15). Das Surfen im Stehen auf dem Hinterrad ist also nichts anderes als eine Weiterentwicklung der Vorübungen zum Bunny Hop. Ein Aha-Erlebnis hoffentlich. Das Gleiche – anders herum – muss passieren, um das Hinterrad vom Boden zu lupfen. Hier darf man nicht die Geduld verlieren. Es ist aufgrund der Schwerpunktlage des Bikes deutlich schwieriger, das Heck nach oben zu bewegen. Um Mogelpackungen auszuschließen, kann man mit BMX- oder anderen flachen Pedalen üben. Dann nützt auch kein Anfersen der Beine mit eingeklickten Schuhen mehr. Der Impuls zur Entlastung des Hinterrades muss aus der Vorwärts-Oben-Bewegung kommen. Das Körpergewicht muss explosiv nach vorne-oben über den Lenker gebracht werden. Und die Pedale gleichzeitig entlastet. Das Gefühl für Timing und Stärke des nötigen Impulses kommt im Laufe der Übungen.

Wichtig ist die Fußhaltung und die Spannung, die man über den Druck am Lenker und gegen die Pedale aufbaut. Ihr müsst euch vorstellen, dass ihr euch regelrecht im Bike verspreizt. Die Pedale zeigen dabei fast nach hinten, und im hinteren Fuß solltet ihr das Gefühl haben, als ob sich der Fuß um das Pedal wickeln will. Weichere Schuhsohlen, wie von Jogging- oder BMX-Schuhen, helfen dabei. So habt ihr optimalen Kontakt und das Rad klebt wie mit Kaugummi an euren Beinen, auch ohne Klickpedale. Man

Ohne Hindernis kann man sich voll auf den Hinterrad-Lift konzentrieren. Aus dem Rollen versuchen, das Heck nach oben zu bringen. Wer es gar nicht schafft, kann die Vorderbremse zu Hilfe nehmen. Sobald der Hinterreifen hoch kommt, den Körper hinter den Sattel bringen. Vorderbremse aufmachen. Für den Bunny Hop muss später der Hecklift ohne den Einsatz der Vorderbremse klappen.

kann diese Position im Rollen üben. Geradeaus fahren und alle paar Meter nur das Hinterrad hochziehen.

IM RHYTHMUS GEHT'S LEICHTER

Der schwierigste Part: zusammensetzen der Moves. Am besten einen Besenstiel oder irgendeine kleine Markierung auf dem Parkplatz suchen und los. Probiert, darüber zu kommen, ohne das Hindernis zu touchieren. Vorne wird noch ganz gut funktionieren. Hinten ist deutlich schwieriger. Erst langsam, eins nach dem andern. Erst Vorderrad, dann Hinterrad. Am besten spricht man sich einen Takt vor. Wenn man immer im gleichen langsamen Tempo bleibt, kann man so eins-zwei Vorder- und Hinterreifen heben.

Wenn ihr euch sicher fühlt und das Bike den Besenstiel nicht mehr berührt, das Tempo leicht erhöhen. Dann werdet ihr merken: Die Rhythmisierung Hop (Vorderrad)-Hop (Hinterrad) reicht nicht mehr aus. Die Zeit wird zu kurz, um die Bewegungen getrennt ausführen zu können. Jetzt sollte man diese beiden Bewegungen miteinander verschmelzen. Nehmt euch als Bewegungsvorstellung das Gefühl (natürlich steht ihr auf dem Bike), auf einem wilden Mustang zu sitzen, der euch abwerfen will. Ihr probiert so die Bewegungen eng miteinander zu kombinieren. Also die Bewegung nach hinten zu stoppen, wenn das Vorderrad in der Luft ist. Und dann in die Vorwärtsbewegung hineingehen, dabei Pedale entlasten und den Lenker nach vorne unter dem Körper durchschieben.

Es sind immer noch zwei Phasen, die aber schneller und kürzer aufeinander erfolgen müssen. Denkt dran: Es dauert seine Zeit, den echten Bunny Hop wirklich gut zu beherrschen, aber es lohnt sich.

Als einfache Vorübung liftet man während des Rollens nur das Vorderrad nach oben. Der gleiche Move kommt auch beim Wheelie zum Tragen. Dabei nicht antreten. Man steht in den Pedalen, rollt mit mäßigem Speed und verlagert dann sein Gewicht ruckartig hinter den Sattel und zieht gleichzeitig kräftig am Lenker. Mit einem Finger an der Hinterradbremse vermeidet man den Überschlag nach hinten.

Free Wheelie

Was bringt einem echten Mountainbiker ein Showelement wie der Wheelie? Jede Menge. Wer auf dem Hinterrad fahren kann, schult das Gleichgewicht und lernt die Basis für viele andere Manöver.

Wozu muss ich denn einen Wheelie können? Diese Frage hört man immer wieder in Fahrtechnik-Workshops. Die Antwort: natürlich um vor der Eisdiele zu posen. Mal ernsthaft: Wheelie ist wichtig. Und zwar für alles. Der Wheelie ist die Grundlage für Moves wie den Freeride Drop, den Bunny Hop, Stufen fahren und so simple Sachen, wie den Bürgersteig hoch zu kommen. Nur mal nebenbei lernt man das Einradfahren leider nicht, ein echter ausbalancierter Wheelie ist schwieriger als er bei Könnern aussieht. Er erfordert ein hohes Maß an Konzentration und Balance. Aber der Wheelie macht auch unheimlich Spaß und das Erfolgserlebnis, mal fünfzig Meter nur auf dem Hinterrad zurückzulegen, ist einfach genial.

Ein Trick: Man tut sich leichter beim Üben, wenn man Klickpedale gegen Bärentatzen oder andere flache Pedale ohne Halteklammern tauscht. So kann man schneller einen Fuß vom Pedal nehmen, um sich zu retten. Und ein hohes Cockpit (kurzer Vorbau und hochgezogener Lenker) zusammen mit einem tiefer gestellten Sattel erleichtern den Wheelie ungemein. Dadurch kommt das Vorderrad leichter in die Luft und man besitzt einen niedrigeren Schwerpunkt, was das Bike leichter kontrollierbar macht. Es gibt verschiedene Möglichkeiten, einen Wheelie zu fahren. Man kann im Stehen oder im Sitzen fahren. Man kann pedalieren, man kann es auch lassen.

FANG MIT DEM SITZ-WHEELIE AN

Am leichtesten zu erlernen ist der Wheelie im Sitzen und mit Treten. Am besten sucht man sich eine leicht ansteigende Straße ohne Verkehr. Oder eine Wiese, die nimmt einem die Angst, nach hinten zu fallen bzw. zu hart zu landen, wenn's schief geht. Die ansteigende Straße hat den Vorteil, dass man das Vorderrad nicht so hoch heben muss wie in der Ebene, um den Körperschwerpunkt über die Hinterradachse zu verlagern.

Und genau darin liegt das Erfolgsrezept für den Wheelie, aber eben auch seine Schwierigkeit. Man kann sich vorstellen, dass dieser Punkt, in dem der Schwerpunkt von Fahrer und Biker genau senk-

Wer den Wheelie beherrscht, tut sich im Gelände leichter an Kanten und Stufen und rollt auch mal lässig auf dem Hinterrad durch Rinnen und Gräben.

recht über der Hinterachse liegt, relativ klein ist. Ihn zu treffen und diese Balance während des Weitertretens beizubehalten, erfordert jede Menge Übung. Man befindet sich entweder immer kurz davor, nach hintenüber zu kippen, oder wieder nach vorne zu fallen. Moduliert und reguliert wird der Wheelie mit der Hinterradbremse (fein dosiert) und entsprechender Gegenbewegung durch Pedalieren. Hierbei sollte man darauf achten, keinen zu leichten Gang einzulegen, da durch schnelle Pedalierbewegungen zuviel Unruhe ins System gelangt. Eher schwere Gänge probieren, um ein stärkeres Drehmoment nutzen zu können: Die Kette liegt auf dem mittleren Kettenblatt, hinten sollte sie sich auf einem mittleren oder oberen Ritzel befinden.

Bei den Übungen selbst ist es eine gute Rückmeldung – auch wenn es paradox klingt –, wirklich nach hintenüber zu kippen. Warum? Weil die meisten Fahrer den Körperschwerpunkt nicht wirklich nach hinten verlagern, sondern ein wenig mogeln und einfach nur mit den Armen am Lenker reißen. Dadurch kommt zwar das Vorderrad für einen Moment in die Luft, aber man muss dann immer schneller treten und krampfhaft am Lenker zerren, um seinem zu weit vor der Hinterachse liegenden Körperschwerpunkt hinterher zu fahren. Funktioniert natürlich bis zu einer bestimmten Trittfrequenz, dann ist Feierabend.

KRÄFTIG NACH HINTEN LEHNEN

Also lieber gleich richtig. Kräftig die Arme zu beugen ist nur als Auftaktbewegung erlaubt. Dann mit gleichzeitigem Reißen am Lenker die Arme wieder strecken und, gesteuert über die Schultern, das Körpergewicht nach hinten verlagern. Die Ellenbogen bleiben aber leicht gebeugt, um Ausgleichsbewegungen steuern zu können. Auf dem Sattel ganz nach hinten rutschen ist auch zuträglich. Kippt man nach links oder rechts, hat man nicht gleichmäßig am Lenker gezogen, man ist ja schließlich Links- oder Rechtshänder. Also versuchen, mit beiden Händen gleichmäßig das Bike gerade nach oben zu ziehen. Hilft das immer noch nicht: niemals statisch auf dem Rad sitzen, sondern Kippbewegungen des Rades zur Seite ausgleichen. Zum Beispiel indem ich das Knie auf der gegenüberliegenden Seite ausstelle.

Sofort den Balancepunkt zu treffen, wird kaum einem gelingen. Man muss immer wieder antreten, Vorderrad hochziehen, mehr oder weniger stark am Hinterrad bremsen. Das kann ganz schön in die Oberschenkel gehen. Nicht nur nach Schema F arbeiten. Lieber ausprobieren, wann das Bike wie reagiert. Auch die Modulation der Bremse will geübt sein. Zieht man zu stark am Hebel für die Hinterradbremse, klatscht das Vorderrad direkt wieder auf den Boden. Zieht man gar nicht an der Bremse und das Hochziehen klappt unvermutet schnell und gut, kann man sich auf seiner Rückfront richtig weh tun, weil man doch mal auf dem Steiß oder dem ganzen Rücken landet. Tipp: Ein Camelbak als eine Art wassergefüllter Airbag wirkt als Wheelie-Protektor.

Also immer zwei Finger an der Hinterradbremse. Wer viel Gefühl und genügend Kraft hat, legt nur den Zeige- oder Mittelfinger an die Bremse, und zwar auf beiden Seiten. So wird man mit vier Fingern um den Lenker gleichmäßiger nach oben ziehen. Als Notstopp packt man dann lieber

Wheelies bauen auf dem Balancieren auf. Wer solche Tricks beherrscht, hat sein Bike extrem gut im Griff.

voll die hintere Bremse, bevor man sich nach hinten ablegt.

ZUG UND ANTRITT GLEICHZEITIG

Als Auftakt dient neben dem Zug am Lenker der kräftige Antritt, um das Vorderrad in die Höhe zu bekommen. Am besten übt man die gleichzeitige Koordination zunächst mit halbherzigem Zug am Lenker, sonst schnalzt die Vorderhand schneller hoch als man erwartet. Wenn das Pedal des Schokoladenfußes auf ein Uhr steht, kräftig antreten und gleichzeitig am Lenker reißen und dabei den Oberkörper nach hinten legen. So erleichtert man den Einstieg in den Wheelie. Je mehr Übung und Einfühlungsvermögen man in diesen Start legt, desto genauer und schneller wird man den Balancepunkt finden. Dass ein Wheelie wie auf einem echten Einrad über die Balance und nicht über den Zug am Lenker gesteuert wird, zeigen Profis, die beispielsweise einhändige Wheelies fahren. Solche Stunts erfordern natürlich Selbstvertrauen und hervorragendes Gleichgewichtsgefühl.

Dieser Antritt für den „normalen" Wheelie im Sitzen oder Stehen fällt bei den so genannten Surf- oder Manual-Varianten weg. Weshalb diese Varianten zur höheren Kunst zählen. Und den Wheelie als Basic-Übung eigentlich voraussetzen. Wer dennoch Manuals gleich probieren will, hier ein paar Tipps. Im Sitzen bergab ohne Pedalieren nur auf dem Hinterrad zu cruisen schult das Gefühl für den so genannten Sweet Spot, den Balancepunkt, und die richtige Modulation der Hinterradbremse. Der Zug am Lenker wird nur als Auftakt durch einen kräftigen Pedalhub unterstützt, dann versucht man auf dem Hinterrad weiter zu rollen.

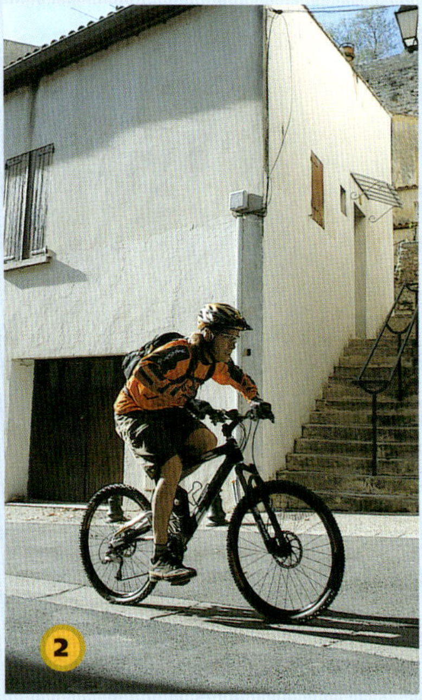

Im Sitzen eine bequeme Position auf dem Bike finden (1) und einen mittigen Gang wählen, sodass ihr genügend Drehmoment habt, um durch einen kräftigen Pedaltritt das Vorderrad in die Luft zu bekommen. Am besten aus dem Rollen heraus, dadurch fällt die Akzentuierung des kräftigen Tritts leichter. Gleichzeitig gebt ihr durch Beugen (2) und explosivem Strecken der Arme den entsprechenden Impuls am Lenker. Hier auf das Timing zwischen Arm- und Beinimpuls achten! Die Ellenbogen beim Hochziehen des Lenkers nicht anwinkeln, sondern mit beinahe gestreckten Armen die Schultern nach hinten (3) legen. Dadurch bringt ihr den Körper-

TIPPS ZUM MANUAL

Der Manual im Stehen sieht natürlich cool aus, kostet dafür aber extrem Gleichgewichtsgefühl. Der Auftakt erfolgt hier durch Gewichtsverlagerung nach hinten und Zug am Lenker. Die Pedale stehen waagerecht zum Boden, und nun probiert man den Punkt zu finden, wo das Bike auf dem Hinterrad gehalten werden kann. Nur durch Bremsmodulation wird austariert und der Sweet Spot gehalten. Alles andere muss durch Körperbewegungen ausgeglichen werden. Man reitet das Bike förmlich wie ein sensibles Steckenpferd. Je länger das Vorderrad oben bleibt, desto besser funktioniert die eigene Balancetechnik. Mehr Geschwindigkeit bringt hier Stabilität, kostet aber natürlich auch Überwindung und benötigt feinere und schnellere Korrekturen. Diese Technik ist sehr komplex, aber mit steigender Übung sollte auch das Gefühl für diese Haltung besser werden.

Und zurückgreifen kann man auf diese Technik fast überall. Ob als Ausgangsposition für den Bunny Hop, oder um eine Kante hinunter zu droppen, oder auf der BMX-Bahn eine Welle oder einen Double zu surfen. Die Bewegung ist immer dieselbe und die Rückmeldungen sind die gleichen wie beim Wheelie üben. Ruhig mal ein paar Freeride- oder BMX-Videos anschauen, dort werden einem Manuals hervorragend präsentiert, und man sieht erst einmal, was überhaupt möglich ist. Zum Beispiel auf Mauern entlang zu „manualen", hinunter zu springen und weiter im Wheelie zu fahren. Das ist zwar die hohe Schule, zeigt aber, was alles nur auf dem Hinterrad eines Mountainbikes möglich ist.

schwerpunkt über die Hinterradachse, was sehr wichtig für die weitere Balance ist. Seid ihr dort angekommen, habt ihr den Sweet Spot gefunden. Das ist der Punkt, an dem die Chancen 50:50 stehen, entweder nach vorne oder nach hintenüber zu fallen (4). Jetzt geht es darum, das Bike durch die gefühlvolle Mischung aus Bremsen (5) und Pedalieren (6) an diesem Punkt zu halten. Tipps: Denkt daran, zum Auftakt gleichmäßig am Lenker zu ziehen und lasst euch Zeit dafür. Und falls ihr kippt: Auf dem Sattel zur richtigen Seite rutschen oder das Knie ausstellen sind gute Rettungs-Tricks. Zum Üben sucht euch eine leicht ansteigende Straße.

So fährt man

Nicht jeder ist zum Bergkönig geboren. Bei knackigen Steigungen jault der innere Schweinehund am lautesten. Mit Ruhe und der richtigen Einstellung geht's locker bergauf.

locker bergauf

Die meisten hassen es: mit dem Fahrrad bergauf zu fahren. Doch schließlich heißt es Mountainbike, und das bedeutet auch, dass mehr oder weniger hohe Berge im Weg liegen. Echte „Touris" und Sportbiker rümpfen gerne die Nase über eingeschworene Downhiller, die sich inzwischen mit dem Lift nach oben schunkeln lassen, um dem reinen Geschwindigkeitsrausch zu frönen. Doch Höhenmeter fressen gehört einfach dazu, und auch wenn man es nicht glauben mag, es gibt Biker, die wirklich Spaß daran haben, bergauf zu fahren.

Dies ist neben Kraft und Kondition auch eine Kopfsache, eine Frage der mentalen Einstellung. Wenn man sich vor Beginn der ersten Steigung bereits einredet, dass man da nie hinauf kommt, wird es auch so sein. Viel einfacher und angenehmer ist es, sich den Anstieg im Kopf in kleine verdauliche Portionen einzuteilen und gerade bei langen Schotteranstiegen mit Spitzkehren immer nur bis zur nächsten Kurve zu denken. So kommt man schneller auf den Pass als man denkt. Bei langen Anstiegen sollte man auf einen guten Tret- und Atemrhythmus achten. Treten Sie immer nur so schnell, dass Sie nicht komplett außer Puste geraten und immer in einer Übersetzung, die man noch gut durchdrücken kann, ohne dass die Oberschenkel brennen. Kurbelt man in zu kleinen Übersetzungen wie eine Nähmaschine hoch, treibt man leicht auch den Puls nach oben und kommt schnell in ein Sauerstoffdefizit. Ein gleichmäßiger Tretrhythmus, bei dem man die Pedale auch nach oben zieht (geht natürlich nur mit Klickpedalen oder Haken), vermeidet das Durchdrehen des Hinterrads.

Kilometerlange Aufstiege in leichter verdauliche Happen unterteilen, zum Beispiel nur von einer Serpentine zur nächsten denken.

ENTSPANNUNG IM WIEGETRITT

Durch das große Übersetzungsspektrum moderner Mountainbikes gibt es für jeden Anstieg den richtigen Gang. Gut eingestellte Fullsuspension-Bikes erlauben es, auch bei grobem Untergrund sitzen zu bleiben und vor sich hin zu treten. Doch wer leicht Rückenschmerzen bekommt oder Verspannungen im Nacken spürt, sollte ab und zu einen Gang runter schalten und ein paar Meter im Wiegetritt zurücklegen, falls der Weg nicht zu rutschig ist. Das entlastet die Bein- und Rückenmuskulatur, auch der Brustkorb kann sich weiten und gibt der Lunge mehr Raum zum Atmen.

Ist der Untergrund griffig oder gar Asphalt, wunderbar. Feiner Schotter, Sand oder lockere Wege verursachen im Wiegetritt schon eher Probleme. Hier gibt es einen Trick: Achten Sie darauf, die Hüfte über dem Sattel zu lassen und sich nicht zu weit über den Lenker zu beugen. Wer es vom Rennrad gewohnt ist, einfach den Oberkörper nach vorne über den Vorbau zu wuchten und dann kräftig mit Hilfe des Körpergewichts in die Kurbeln zu stampfen, muss seinen Wiegetritt-Stil umstellen. Etwas zurückhaltender und kontrollierter muss das auf rutschigem Boden ablaufen. Dadurch kann man zwar nicht die volle Power aufs Hinterrad bringen, aber auch dieser Wiegetritt belastet andere Muskelgruppen und verhindert so Schmerzen und Krämpfe durch eine ein-

seitige Sitzposition. Straßenfahrer schwören zwar darauf, doch im Gelände ist vieles anders: Statt unbeweglich im Sattel zu kleben und nur die Beine rotieren zu lassen, sollte man sich ruhig ein wenig nach vorne und hinten bewegen während langer Bergauf-Passagen. Im Sattel nach hinten zu rutschen und mehr nach vorne als nach unten zu treten, entlastet die Oberschenkelmuskulatur und bringt ein wenig mehr Druck aufs Pedal. Dies wird bei einem schweren Touren-Rucksack und steilen Anstiegen aber leider dazu führen, dass das Vorderrad schneller hochsteigt, als einem lieb sein kann.

LENKER NACH UNTEN DRÜCKEN

Bei steilen Anstiegen muss man deshalb den Körperschwerpunkt nach vorne verlagern, um Druck aufs Vorderrad zu bringen. Also rutscht man in die Mitte des Sattels oder noch weiter nach vorne. Bei Extrem-Anstiegen setzt man sich ganz nach vorne auf die Sattelnase. So vermeidet man, dass das Hinterrad wegen zu geringer Belastung durchrutscht und zwingt gleichzeitig das Vorderrad zum Bodenkontakt. Diesen Effekt kann man für kurze Strecken noch erhöhen, indem man bewusst die Ellbogen nach unten drückt und den Lenker geradezu nach unten Richtung Boden zieht. Dazu beugt man den Oberkörper nach vorne und unten. Dies ist zwar eine anstrengende Position, Magen und Unterkörper werden dabei leider etwas beengt, für kurze supersteile Segmente ist es aber unbedingt nötig.

An gekröpften oder so genannten Downhill-Lenkern sind keine Hörnchen mehr angebracht. Zwar bringen die nach oben geschwungenen Lenker mehr Komfort und vor allem beim Bergabfahren mehr Sicherheit durch die erhöhte Sitzposition. Leider hat man aber weniger Griffvarianten. Wer noch einen Cross-Country-Lenker mit seitlichen Hörnchen fährt, kann sowohl im Sitzen wie im Wiegetritt umgreifen. Selbst diese kleine Verände-

Links: Auf rutschigem Untergrund muss man im Wiegetritt mit Gefühl antreten. Die Hüfte bleibt über der Sattelspitze. Oben: Wenn es steil wird, im Sattel nach vorne rutschen und den Lenker aktiv nach unten ziehen, damit das Vorderrad nicht nach oben steigt.

rung der Handhaltung kann beim Bergauffahren für Entspannung sorgen. Zum einen dehnt man die Muskulatur des Oberkörpers, weil man sich weiter nach vorne lehnt. Zum anderen wird die Schulter- und Armmuskulatur durch den Parallelgriff entspannt.

Für Wurzeln, Steine, Stufen und Bodenwellen gibt es dann noch einen kleinen Trick: Bereits wenige Meter vor dem Hindernis erhöht man seine Trittfrequenz und holt nochmals etwas Schwung, um etwas flotter über die Kante zu rollen. Kaum ist das Hinterrad darüber, kann man wieder locker lassen. Zwar erhöht dies den Puls ebenfalls kurzzeitig, noch anstrengender wäre es aber, wieder anzufahren, falls man hängenbleibt und absteigen muss. Tritt man erst am Hindernis mit voller Kraft in die Pedale, rutscht vor allem auf Wurzeln oder an Kanten leicht das Hinterrad durch, und schon geht gar nichts mehr.

Muss man doch einmal absteigen, weil das Vorderrad hängengeblieben oder das Hinterrad durchgerutscht ist, sollte man versuchen, immer zur Bergseite zu kippen. Für das oft schwierige Anfahren an einer Steigung gibt es mehrere Tricks. Denn mit Klickpedalen muss man sich auf das Losfahren konzentrieren und dann möglichst schnell ins Pedal einklicken, um volle Kraft voraus weiter zu kommen (zum Trost: Mit Haken und Riemen wie in der Urzeit des Mountainbikes war es noch schwieriger, den Schuh wieder in die Körbchen zu zwängen).

STARTHILFE IM HANG

Vor dem Antritt schaltet man am besten in den zweiten Gang und stellt das Pedal des Schokoladenfußes auf ein Uhr. Der kleinste Gang hat so wenig Widerstand, dass am Steilhang der Reifen schnell durchrutscht und man nicht genügend Druck auf die Kurbel bringt. Meistens bäumt sich auch der Lenker auf durch das Anfahren. Tipp: Nicht direkt in der Falllinie nach oben streben, sondern schräg anfahren (falls der Weg breit genug ist), und erst wenn man

In langen Bergauf-Passagen ruhig immer wieder in den Wiegetritt gehen. Das entlastet die strapazierte Rücken- und Nackenmuskulatur.

genügend Schwung gesammelt hat, wieder „senkrecht" nach oben strampeln. Einfacher ist auch der Start mit Hilfestellung. Man sucht sich einen Baum, einen kräftigen Strauch oder einen großen Felsen, an dem man sich seitlich festhalten kann. Beide Füße sind in den Pedalen eingeklickt, und während man sich mit der Hand kräftig abstößt, tritt man gleichzeitig los. So kommt man schnell ins runde Kurbeln. Sucht euch am besten eine Stelle, an der keine Wurzeln oder Steinbrocken im Weg liegen. Denn jedes Hindernis bremst einen in der schwierigen Startphase wieder ab. Den Lenker gerade halten! Durch die langsame Fahrt ist man sehr instabil und kippt leicht ab.

Geht dann wirklich gar nichts mehr außer Schieben, gibt es noch einen Trick für Singletracks und schmale Wege: Man nimmt einfach den Lenker in beide Hände, als ob man fahren wollte und stellt das Bike vor sich aufs Hinterrad. Das Gespann kontrolliert man mit einem Finger an der Hinterbremse. Das schont die Knöchel und die empfindlichen Schienbeine, die sonst von der Kurbel malträtiert werden.

Kurvenstar

Wer möchte nicht die Kurve kratzen wie die Worldcup-Stars: schnell und sicher. Auch in rutschigen Schotterkurven kann man mit wenigen Tricks und etwas Übung die Situation im Griff behalten.

KURVEN

Jeder kennt das blöde Gefühl: Der Downhill war so schön schnell, die Kurveneinfahrt hat auch noch gepasst – aber dann hat das Ding irgendwie zugemacht. Und jetzt ist der Lenker krumm, das Helmvisier abgebrochen und der Trinkrucksack undicht. Die hohe Geschwindigkeit war nicht mit dem Kurvenradius kompatibel, der Ausflug in die Botanik zum Glück ohne schlimmere Folgen für den Piloten.

Damit das nicht noch einmal passiert, nimmt man am besten ein paar Grundregeln auf die nächste Tour mit, die jeder Worldcup-Downhiller in seinem Repertoire hat. Vorausschauendes Fahren und das Gelände lesen heißt die Devise. Und damit dann auch rechtzeitiges Bremsen, damit man nicht zu schnell in die Kurve hineinrauscht. Denn wie beim Autofahren werden die Kräfte, die auf die Reifen wirken, zu groß, wenn man gleichzeitig lenken und stoppen will. Idealerweise bremst man noch auf der Geraden auf genau die Geschwindigkeit herunter, die der Kurvenradius verträgt. Dann braucht man die Bremse nur noch mitschleifen zu lassen und kann sich ganz auf die Lenkung konzentrieren.

VORNE IST DIE ACTION

Effektiver als die hintere ist dabei die vordere Bremse, die über 70 Prozent der Verzögerung übernimmt. Um diese Wirkung noch zu verstärken, verlagert man am besten das Gewicht nach hinten. Normalerweise befindet man sich ja sowieso in der Abfahrtshaltung: Mit waagerecht gestellten Kurbeln auf den Pedalen stehend, die Hüfte leicht über und hinter dem Sattel. Das ist auch die beste Position, um die Kurve anzubremsen. Auf extrem rutschigem Untergrund wie feinem Kies oder Schotter, feuchtem Gras oder nassen Feldwegen ist natürlich die Vorderbremse mit viel Gefühl zu bedienen. Ein ausbrechendes Hinterrad – weil es blockiert – ist leicht wieder zu kontrollieren. Wenn das Vorderrad die Haftung verliert, kommen Rettungsversuche meistens zu spät.

Ganz wichtig: Das Auge „fährt" dabei voraus. Der Blick geht nicht etwa geradeaus, da wo man nicht hin will, sondern immer in Richtung Innenkurve. Auch die Pedalstellung spielt eine große Rolle. Das kurvenäußere Pedal zeigt in der Kurve zum Boden, dadurch bringt man mehr Druck auf die Reifen und erzielt so eine stabilere Lage. Wie weit man sich in die Kurve legt, hängt vom Speed ab. Ob man dabei den inneren Fuß ausklickt, ebenfalls.

Bei Low Speed zirkelt man besser eingeklickt durch den Turn, dadurch kann man schneller wieder antreten. Der ausgestellte

Fuß dient den Profis übrigens zur extremeren Gewichtsverlagerung nach innen, nicht als am Boden schleifende Stütze. Dazu mehr im folgenden Kapitel Carving.

Aktiv fahren heißt die Devise. Besonders auf holprigem Terrain muss man beweglich sein wie eine Katze. Wer stumpf im Sattel sitzen bleibt, kommt um keine Kurve.

Die Grundposition auf dem Bike: in den Pedalen stehen. So kann man einerseits Arme und Beine als Stoßdämpfer nutzen, andererseits kann man dadurch sein Ge-

Die theoretische Ideallinie einer Kurve ist für Schotterkurven nicht immer optimal. Lieber eine Linie wählen, die weniger Geröll oder Löcher aufweist. Bereits vor der Kurve die Geschwindigkeit verringern und von außen anfahren. Dann zum Kurveninneren schwenken und, wie zu sehen, auf einer sauberen Linie bleiben, auf der weniger Schotter liegt. Das Gewicht liegt mittig über dem Bike, aber nicht zuviel Druck aufs Vorderrad ausüben. Ellenbogen sind gebeugt, um schnell reagieren zu können. Ständig Druck auf das untere äußere Pedal ausüben. Wichtig: Der Blick geht immer in Richtung Innenkurve – genau dorthin, wohin man fahren möchte.

Auf schnellen Schotterwegen vorausschauend fahren und vor statt in der Kurve bremsen. Beste Haltung dabei ist die leichte Abfahrtshocke: Auf den Pedalen stehend, die Hüfte befindet sich ein wenig hinter dem Sattel. So verstärkt man noch die Bremswirkung.

wicht optimal verlagern und sofort auf die Beschaffenheit und Hindernisse des Trails reagieren. Dabei muss das kurvenäußere Pedal zum Boden zeigen. Das äußere Bein ist fast durchgestreckt und dosiert durch zusätzlichen seitlichen Druck auf das Oberrohr und den Sattel die Schräglage.

DIE OPTIMALE LINIE

Position und Bremsarbeit vor der Kurve sind nun klar. Wie fährt man jetzt am besten durch den Turn? Theoretisch gibt es eine Ideallinie, die die größte Kurvengeschwindigkeit erlaubt und damit am meisten Sicherheitsreserven bietet, falls man nicht schon am Limit fährt. Man fährt am Kurveneingang ganz außen, schwenkt dann zum Scheitelpunkt der Kurve an die innerste Kante und fährt am Kurvenausgang wieder am äußersten Rand. Dies funktioniert natürlich nur, wenn der komplette Verlauf dieser Ideallinie gleichermaßen griffig ist.

Befindet sich die Kurve, wie oft in den Alpen oder am Gardasee, an einem Abgrund, sollte man genügend Sicherheitsabstand zu Begrenzungen und Leitplanken einhalten. Wenn die Straße zwei ausgefahrene Spurrillen aufweist und der Mittelhügel sehr hoch ist, sollte man bei relativ hohem Speed darauf verzichten, zweimal diese Holperstelle zu überqueren. Bei genügendem Auslauf nimmt man die (schnellere) Außenbahn, ansonsten bleibt man in der inneren Rille. Man kann dafür die Schräge der Mittelwelle wie eine Mini-Steilkurve nützen und sich etwas stärker in die Kurve legen.

Falls man doch zu schnell in die Kurve gedüst ist, gibt es zwei Möglichkeiten, einigermaßen heil durchzukommen: Man erhöht den Druck auf das äußere Pedal (Fuß ist unten!) und versucht, das Bike noch mehr in die Kurve zu legen, ohne mit dem Körper mit zu gehen. So verträgt man einen etwas höheren Speed. Das ist wie der Kanteneffekt beim Snowboarden oder Skifahren. Immer darauf konzentrieren, beide Reifen wie die Kante eines Skis mit Druck und gleichmäßiger Belastung in der Kurve zu halten.

Die andere Notlösung ist der Versuch, das Rad ein wenig aufzurichten und zu bremsen. Denn bremsen in Schräglage kann fatale Folgen haben. Wenn überhaupt, möglichst nur an der Hinterradbremse ziehen, um die Geschwindigkeit zu reduzieren. Ein Vorderrad, das an der Grenze seines Grips durch die Kurve eiert, flutscht auf Schotter oder Sand beim leisesten Bremsversuch weg – schneller als man reagieren kann. Dann lieber doch ein driftendes Hinterrad und die bösen Wandererblicke riskieren.

MEHR BODENKONTAKT

Nicht vergessen: Kurven immer in beide Richtungen üben. Jeder hat eine Schokoladenseite, auf der er sich sicherer und besser fühlt. Also auf der schlechteren Seite mit noch weniger Gas in die Kurve, um nichts zu riskieren.

Ein Tipp zum Schluss: Wer das Gefühl hat, sein Rad will ständig aus der Kurve springen, alles bockt und man kann überhaupt nicht auf der Linie bleiben, die man sich ausgesucht hat, ist entweder schon extrem flott unterwegs oder hat die Dämpfung und/oder den Reifendruck nicht richtig eingestellt. Ein leicht verringerter Reifendruck erhöht den Grip. Allerdings nicht zu wenig Luft in den Reifen lassen, sonst gibt es Snake-Bites oder der Reifen ploppt von der Felge. Für die Dämpfung gilt: Die Reifen sollten in jeder Lage Bodenkontakt behalten. Wenn beispielsweise bei der Federgabel der Rebound (Ausfedern) zu hart eingestellt ist, kommt die Gabel nach dem Hindernis zu schnell hoch, so dass der Vorderreifen bockt und hüpft. Und ein Reifen, der sich nicht auf dem Boden befindet, kann auch nicht lenken. Also: Vorher Dämpfung und Reifendruck korrekt einstellen und dann ab in die Kurve. Man sollte auch an verschiedenen Kurven ein wenig herumspielen. Wenn man Zeit und Lust hat, eine Kurve mehrere Male fahren. Erst langsam und dann bei jedem Durchgang das Tempo steigern, bis man glaubt, das Maximum erreicht zu haben. So sammelt man Erfahrung für andere Situationen und wird zum echten Kurvenstar.

Druck macht stabil: Die Belastung des äußeren Pedals, das in der Kurve unten liegt, erzeugt optimalen Grip der Reifen in Schräglage.

Grip und Führung der Reifen in Schräglage hängen vom Untergrund ab. Ist es rutschig, Notbremsungen nur hinten durchführen.

Kratz die Kurve

Carving ist die Fahrtechnik, mit der man in der Kurve den inneren Fuß als Ausleger einsetzt. In Steilkurven nützt man den überhöhten Rand für noch mehr Speed.

CARVING

Im vorherigen Kapitel ist die „normale" Kurventechnik ohne Ausleger beschrieben. Wer in puncto Sicherheit noch eins drauflegen will, versucht es mal mit der Carving-Technik, bei der der innere Fuß wie ein Ausleger mitläuft. Dabei stützt man sich nicht voll auf den Fuß ab, sondern lässt ihn leicht mitschleifen – um im Notfall sofort Bodenkontakt zu haben und selbst ein ausbrechendes Vorderrad wieder einzufangen. Profis nützen diese Technik hauptsächlich, um das Bike noch extremer in die Kurve legen zu können, was die normalen Sicherheitsreserven natürlich drastisch verringert.

Bei besonders tiefem, losem Schotter klickt man schon bei der Kurveneinfahrt den inneren Fuß aus dem Pedal. Dabei kommt es auf das optimale Timing an. Also: Nicht schon auf der Geraden ausklicken, weil man sonst die Schläge beim Anbremsen nicht mehr mit den Beinen abfedern kann. Allerdings macht der ausgestellte Fuß nur dann Sinn, wenn man den Sattel abgesenkt hat. Mit hoher Cross-Country-Position der Sattelstütze reicht man nämlich kaum mit dem Schuh auf den Boden.

Entscheidend ist auch hier der Druck über das äußere nach unten gestellte Pedal, deshalb haben wir es Carving-Technik ge-

nannt. Man versucht über intensiven Kontakt am Sattelrand und über den Lenker des schräggestellten Bikes optimalen Druck auf die „Kante", die beiden Reifen aufzubauen, um möglichst schnell mit gleichbleibendem Grip um die Kurve zu kommen. Der innere Ausleger ist der Airbag für die extreme Schräglage. Spezialisten driften bei dieser Technik sogar leicht übers Vorderrad wie Motorradprofis, doch der normale Biker sollte sich sehr vorsichtig, wenn überhaupt, an diese Grenzbereiche herantasten. Denn wenn sie überschritten sind, gibt's meist kein Halten mehr für Bike und Fahrer.

Kurven kratzen mit dem Ausleger

ANFAHRT Der Einstieg in die Kurve entscheidet alles. Bremspunkt im ersten Kurvendrittel aussuchen und das Tempo so reduzieren, dass man ohne weiteres Bremsen durch die Kurve fahren kann. Die Ideallinie für jede Kurve verläuft auf ihrem größten Radius: Außen anfahren, im Scheitelpunkt fährst du ganz innen, am Ende der Kurve wieder außen. Doch im Gelände musst du auf den Untergrund achten! Suche eine Fahrspur mit wenig Schotter aus, das ist wichtiger als die Ideallinie. Tipp: Immer den Blick nach vorne richten, das Gelände „lesen", sagen die Profis. Je nach Tempo solltest du zwischen fünf (langsam) und dreißig Meter (hohes Tempo) nach vorne schauen.

SCHRÄGLAGE Regel eins: Bremsen auf. Das Rad bekommt sofort mehr Grip. Lege dich leicht in die Kurve und drücke das Bike noch stärker Richtung Boden. Jetzt musst du zur Sicherheit den kurveninneren Fuß herausstellen, um das Bike abfangen zu können, falls die Reifen wegdriften. Der kurvenäußere Fuß steht auf dem tiefgestellten Pedal, das Bein drückt Richtung Rahmen: So übt man optimalen Druck auf beide Reifen aus. Dein Körperschwerpunkt liegt mittig, also leicht vor dem Tretlager. Zwei Finger liegen an den Bremshebeln, doch im Notfall wird nur die Hinterradbremse gezogen!

KURVENMITTE Das Bike ist stark unter den Körper gedrückt, der Fuß rutscht leicht über den Schotter. Achte auf deine Position auf dem Bike. Man darf nicht zu weit hinten hängen, sonst lastet nicht genügend Druck auf dem Vorderrad, und es kann verspringen. Der Oberkörper beugt sich über den Vorbau, und die Arme sind stark gebeugt. Mit angewinkelten Ellenbogen, wie zu sehen, kann man jederzeit blitzschnell Druck vom Vorderrad nehmen, falls es seitlich wegrutschen sollte. Wenn beide Räder driften, kann man das Bike durch leichtes Aufrichten wieder fangen. Gut zu erkennen: Holger peilt den Kurvenausgang an. So findet er einen „sauberen Strich", eine Kurvenlinie ohne korrigieren zu müssen. Nach dem Scheitelpunkt der Kurve richtet man das Bike wieder aus der Schräglage auf.

BESCHLEUNIGEN Den Fuß aufs Pedal nehmen und wieder einklicken. Noch in der leichten Schräglage kann man bereits wieder beschleunigen. Auf eine saubere Linie achten. Beim Antreten solltest du nicht am Lenker reißen, sondern einen Punkt am Kurvenausgang ansteuern.

Tripod nennen die Amerikaner diese Technik: Ein Fuß ist neben den Reifen der dritte Punkt auf dem Boden und stabilisiert die Position. Lässt sich außer in Kurven auch bei sehr steilen Abfahrten anwenden.

Wenn man den Fuß zu heftig aufsetzt, kann er vom Boden wie von einem Katapult nach oben geschleudert werden. Das innere Bein nur leicht mitschleifen lassen, dazu den Sattel immer nach unten stellen.

Tipps für den Schotterturn:

- Bei der Spuranlage nach der besten Traktion suchen. Nicht immer ist die Ideallinie auch die sicherste Linie. Tiefe Wasserrinnen und grobes Geröll links liegen lassen. Bei zwei Spurrinnen eine der beiden aussuchen und ihrem Verlauf folgen.
- Den Bremsvorgang schon vor der Kurve abschließen. Der Reifen hat in der Kurve schon genug mit den Steuerkräften zu tun. Wenn noch Bremskräfte hinzukommen, ist er schlichtweg überfordert und bricht aus .
- Der Kurven-Außenfuß gibt ordentlich Druck aufs Pedal, das erhöht während des Kurvenverlaufs die Traktion der Reifen. Unterstützend das Knie ans Oberrohr drücken.
- Die Augen fahren voraus und das Rad folgt der Blicklinie. Die Kurveninnenseite anvisieren, dann hat man nach außen noch ein wenig Spielraum, falls man sich verschätzt hat.

Die zweite extreme Variante beim Kurvenfahren neben dem Carving sind so genannte Anlieger, oder auch Steilkurve genannt: Das schönste Kurvenerlebnis, das man haben kann. Ähnlich wie beim Boarden geht es hier um einen Banked Turn. Am besten geht man zum Üben auf die BMX-Bahn oder in einen Bike-Park, aber es gibt diese Mini-Steilkurven auch in natürlichem Gelände, man muss nur die Augen aufmachen und ein wenig suchen.

SO FUNKTIONIERT DER ANLIEGER

Denn meistens hat jede Schotterstraße am äußeren Kurvenrand eine Art Anlieger. Diesen kann man nutzen. Was ist der Vorteil dieser Technik? Man kann mehr Geschwindigkeit mit durch die Kurve nehmen, da diese überhöht ist und somit die äußeren Kräfte besser aufgefangen werden können. Sprich: Weil der Untergrund schräg ist, könnt ihr euch mehr in die Kurve legen, ohne dass die Reifen Traktion verlieren. Ihr seid im Prinzip immer im rechten Winkel zum Boden unterwegs. Es wirken keine zusätzlichen Kräfte mehr auf die Reifen ein. Damit kann man den gleichen Kurvenradius mit viel höherer Geschwindigkeit fahren, als den einer flachen Kurve. Bahnradfahrer machen das vor: Je schneller sie auf dem Oval unterwegs sind, desto weiter oben verläuft die Spur, die sie einschlagen können.

Darin liegt auch die Kunst, im Gelände eine Steilkurve richtig zu fahren. Wer zu langsam unterwegs ist, wird immer wieder nach unten gezogen und kann die Vorteile des Anliegers gar nicht nützen.

Zugegeben, es kostet schon Überwindung, sich wie ein Snowboarder oder Wellenreiter richtig in die schräge Wand hinein zu lehnen. Aber wenn ihr in einer guten Steilkurve die richtige Spur getroffen und die optimale Geschwindigkeit gewählt habt, presst euch die Zentrifugalkraft förmlich an den Boden. Extrem gutes Gefühl. Rein fahrtechnisch müsst ihr die gleichen Dinge beachten wie bei jeder anderen Kurve auch: vorher auf die korrekte Geschwindigkeit abbremsen. Die richtige Spur wählen, was natürlich etwas mehr Übung erfordert. Wie bei allen Manövern fährt man mit den Augen voraus. Leicht einlenken, gebeugte Arme (Attack-Position). Je nach Beschaffenheit des Turns Pedale waagerecht zum Boden

Trockentraining

Übt das Ausklicken des inneren Fußes aus dem Pedal mehrmals aus der Schräglage. Hängt man bereits schräg in der Kurve und das Bike droht wegzurutschen, bekommt man in Panik oft den Schuh nicht mehr aus der Bindung. Deshalb zur Sicherheit das Ausklicken mehrmals trainieren, damit du den Fuß schnell und automatisch vom Pedal lösen kannst.

oder das Außenpedal nach unten, um mehr Druck über die Reifen auf den Boden zu übertragen. Die Hüfte bleibt dabei neutral, das heißt im 90-Grad-Winkel zur Bikelängsachse.

Optimal üben lässt sich diese Technik in der BMX-Bahn, weil hier die Steilkurven wirklich hoch genug sind. Alle anderen Kurven im freien Gelände sind etwas schwächere Vertreter und nicht so schön gepflegt wie auf dem Dirt-Track.

Ein weiterer Vorteil überhöhter Kurvenränder im Gelände: Diese natürlichen Anlieger können einen retten, falls man mit zu hohem Speed in eine Kurve hineingegangen ist und immer weiter zum Außenrand gezogen wird. Nützt dann den Anlieger wie eine Sicherheitsbande, um euch wieder auf eine sichere Linie näher zur Kurvenmitte zu befördern und den Abflug zu vermeiden.

Tipps für den Anlieger

- Im Stehen durch die Steilkurve fahren, gebeugte Arme und tiefe Position unterstützen die niedrige Schwerpunktlage. Idealerweise hat man immer 90° zum Boden und trotzdem das Gefühl der totalen Kurvenlage, nur rutscht man nicht weg.
- Langsam herantasten. Immer ein bisschen höher in der Steilwand fahren. Je schneller, desto besser ist die Haftung und desto stärker spürt man die äußeren Kräfte.
- Zum Üben kann man ruhig mal ein Wochenende im Bikepark oder auf der BMX-Bahn verbringen, das schult das Feeling für überhöhte Kurven und bringt Sicherheit.
- Anlieger gibt es auch in freier Wildbahn, Augen auf: Oft haben Feld und Waldwege am äußeren Rand ein Überhöhung, die man natürlich als Traktionshilfe nutzen kann, vor allem wenn man mal zu schnell in eine Kurve hineingefahren ist.

Senkrecht durch die Steilkurve

ANFAHRT Die Anfahrt in die Steilkurve erfolgt wie bei jeder anderen Kurve auch: ganz außen. Aber nicht nach innen schwenken zum Scheitelpunkt. Die optimale Linie verläuft hier in einem gleichmäßigen Radius entlang des Kurvenradius'. Der Blick geht wieder voraus um die Kurve auf der gewünschten Fahrlinie. Je schneller man unterwegs ist, desto weiter oben fährt man den Anlieger. Ist man zu langsam, zieht es einen automatisch tiefer nach unten. Wenn es wie hier der gleichmäßige Untergrund erlaubt, steht der äußere Fuß wieder unten, der Sattel ist tiefer gestellt, um mehr Bewegungsfreiheit über dem Bike zu haben. Ellenbogen leicht gebeugt, Körperschwerpunkt zentral: Hüfte über dem Sattel.

EINSTIEG Im ersten Drittel leicht in die Kurve legen, aber nicht so extrem, wie es normalerweise der Kurvenradius verlangen würde. Gut zu sehen auf dem Foto: Das Rad steht wirklich im 90-Grad-Winkel zum Untergrund. Die Reifen können also optimal ihre Führungskräfte an den Boden weitergeben, der Speed ist höher als in einem normalen Turn.

LINIE Sauber auf der eingeschlagenen Linie am oberen Rand des Anliegers bleiben. Nicht zum Scheitelpunkt hinuntersteuern. Achtet auf die Kopfhaltung: Der Blick geht genau auf der Linie des Bikes voraus, wie die Sequenz zeigt.

AUSSTIEG Im letzten Drittel der Kurve verlässt man, je nach Tempo, bereits die oberste Fahrspur. Hat man den Maximalspeed für den Anlieger, bleibt man bis zum Kurvenausgang oben. In diesem Fall wären sogar noch Reserven drin gewesen.

AUSFAHRT Beim Übergang ins Flache kann man bereits wieder antreten. Bei natürlichen Anliegern ist am Kurvenausgang oft der Untergrund holprig oder mit grobem Schotter voll, so dass man nicht am Lenker reißen darf. Daher in dieser Phase lieber die Linie durchziehen, mit dem Körper steuern und heftige Lenkmanöver, wenn möglich, vermeiden!

Kehrtwende

Die Meisterprüfung für jeden Biker:
Steile Serpentinen im Singletrack erfordern
vor allem Balancegefühl und Steuerkunst.

SERPENTINEN

Krönung oder Frust? Jede Serpentine stellt eine neue Herausforderung dar, selbst für versierte Biker. Wie die schwarze Piste beim Skifahren oder fette Wellen beim Surfen. Wenn die Bedingungen schwierig werden, scheidet sich die Spreu vom Weizen. Absteigen oder Durchfahren liegen beim Biken nur wenige Zentimeter auseinander. Weil es sehr anstrengend ist, im steilen Gelände eine Serpentine mehrmals zu üben, bereitet man sich am besten im Flachen gründlich auf die Haarnadelkurven vor. Zwei Probleme addieren sich bei der Kehrtwende: Man bewegt sich in sehr steilem Gelände, also muss man mit beiden Bremsen sehr feinfühlig das Tempo kontrollieren, oft mit dem Po weit hinter dem Sattel. Und zum Zweiten muss man in sehr langsamer Geschwindigkeit – das Bike ist also sehr instabil – um eine enge Kurve eiern.

Um seine Balance zu schulen, sollte man gründlich Kapitel 4 lesen und auch üben. Damit hätte man schon die halbe Miete. Nun kann man die ungewohnte Haltung in der Serpentine noch intensiver trainieren: abgebremst bis zum Schritttempo eine super enge Kurve zu zirkeln. Auf dem Parkplatz fährt man mit leicht angezogenen Bremsen immer engere Kreise bis zum Stillstand. Verharrt dann in dieser Position so lange es geht und fährt wieder an.

Immer nach beiden Seiten üben, sonst stärkt man nur seine Schokoladenseite. Man sollte nicht aufgeben, bevor man nicht in beide Richtungen den Lenker bis zum Anschlag ans Oberrohr legen kann und immer noch langsam fahren oder stehen kann. Je länger das klappt und man entspannt bleibt, desto höher ist die Wahrscheinlichkeit, dass man auch in der Serpentine nicht die Nerven verliert.

Wichtige Tipps

- Immer kontrolliert fahren!
- Serpentinen langsam angehen.
- Du musst jederzeit stehen bleiben können.
- Mit tiefergestelltem Sattel üben.
- Brutale Slides (Rutschmanöver), die den ganzen Trail abtragen, vermeiden!

ARME LANG ZUR SIMULATION

Beherrscht man diese Übung, simuliert man noch seine Fahrtechnik im steilen Gelände. Die gleiche Übung, aber mit tiefer gestelltem Sattel, langen Armen und der Brust fast auf dem Sattel aufliegend. Durch den Schwerpunkt über dem Hinterrad und die gestreckten Ellenbogen wird das Lenken natürlich sehr viel schwieriger als in normaler Position. Aber das ist auch genau der Grund, warum man in der Spitzkehre oft so kämpfen muss.

Eine weitere gute Übung: Das Bike zwischen den gespreizten Knien so weit wie möglich nach unten kippen und enge Kurven rollen. So schult man sein Gefühl für extreme Situationen und merkt erst einmal, wie stark man ein Rad abkippen kann und wie sehr man sich über seinem Bike bewegen kann. Auch hier immer wieder Standpausen einbauen. Am besten lehnt man auch im Balancestand sein Bike so weit wie möglich unter sich erst zur einen, dann zur anderen Seite und erforscht den Maximalausschlag. Das alles fördert das Gefühl für das eigene Bike und lässt einen in Extremsituationen gelassen reagieren.

BREMSÜBUNGEN FÜRS GEFÜHL

Der zweite schwierige Part beim Serpentinenfahren ist die Bremstechnik in der steilen Abfahrt. Meist ist es so abschüssig, dass man mit voll angezogener Hinterbremse und fast schleifendem Hinterrad unterwegs ist, während man mit der Vorderbremse die Feineinstellung vornimmt. Dazu findet man, am besten wieder auf einem leeren Parkplatz, den Blockierpunkt seiner Bremsen heraus. Aus mittlerem Tempo nur mit der Vorderradbremse zu stoppen ist schon mal eine gute Übung. Wer noch mehr Gefühl für seine vordere Bremse entwickeln will, zieht das gleiche Spiel auf Sand und auf Schotter durch und merkt auf diese Art gleich, wo sich die Haftungsgrenze seines Vorderreifens

befindet. Also vorsichtig herantasten! Im Schritttempo beginnen und Geschwindigkeit für die Bremsübungen nur langsam steigern.

Behält man dabei eine neutrale Position und bleibt mit dem Po über dem Sattel, kann man sogar sein Hinterrad ein wenig in die Höhe lüpfen. Profis bringen es dabei bis zum so genannten Nose-Stand, dem Kopfstand auf dem Vorderrad. So weit muss man nicht gehen, aber man sollte schon mit dem Gefühl vertraut sein, wenn das Hinterrad Höhenluft schnuppern will. Wer will, übt dabei gleich das seitliche Versetzen des Hecks. Dazu bremst man stark vorne ab, lässt das Hinterrad hochkommen und schiebt die Hüfte und die Beine entschlossen nach links oder rechts, so dass das Heck zur Seite schwenkt. Nach der Landung gleich wieder antreten, sonst verliert man leicht die Balance. Dazu hat man am besten einen mittleren Gang eingelegt, die Kurbeln stehen bei dem Manöver waagerecht. Man tut sich leichter, wenn der Fuß hinten steht, wo das Heck hinschwenken soll. Also beim Schwenk nach rechts steht auch der rechte Fuß hinten.

TROCKENTRAINING

Zum Training möglichst enge Kurven fahren. Versuche, um deine Flasche oder einen Stein ganz kleine Kreise zu rollen und dabei immer wieder kurz stehenzubleiben. Nach etwas Übung solltest du einen Lenkeinschlag von 90 Grad schaffen. Immer in beide Richtungen üben!
Du kannst die Übung noch verschärfen, indem du weit hinter den Sattel gehst und aus dieser Position mit fast gestreckten Armen enge Kreise zirkelst. Auch dabei immer wieder kurz anhalten.

NOSE-STAND FÜR EXPERTEN

Diese Technik kann man in extrem engen Serpentinen nützen, um die Kurve ganz cool trialmäßig zu bewältigen. Das erfordert aber ein sehr gutes Gleichgewichtsgefühl und ein extrem sensibles Händchen an der Vorderradbremse, um im Steilen und auf rutschigem Untergrund auf den Punkt das Heck zu heben und noch in den Winkel zu versetzen, den man zum Weiterfahren braucht. Aber, zugegeben, das ist die eleganteste Art, eine Spitzkehre zu fahren.

Dazu muss man aber auf jeden Fall den Nose-Stand einwandfrei beherrschen. Den übt man am besten auf einer Wiese, Vorsichtige legen noch eine alte Matratze auf den Boden und üben den Nose-Stand genau davor. Man fährt in langsamem Tempo an, zieht nur die Vorderbremse und entlastet das Heck wie bei einem Bunny Hop oder der Stufentechnik (im Kapiel 11 beschrieben).

Für Serpentinen benötigt man keinen ausbalancierten Nose-Stand, das Hinterrad sollte aber hoch genug sein, um es seitlich herum schwenken zu können. Behrrscht man dies einigermaßen, übt man das Gleiche auf einer abfallenden Rampe wie einer Tiefgaragenzufahrt: rollen, bremsen, Heck hoch, Bremse lösen, rollen, bremsen, Heck hoch und so weiter. Dann auf immer steileren Rampen üben und dabei auch schon das Hinterrad seitlich versetzen. Und dann ab in die Spitzkehre.

So behält man die Kontrolle in der Serpentine

ANFAHRT Serpentinen sind die Krönung im Bikerleben. Meist ist hier das Gelände so steil, dass man nur im Schritttempo und mit voll angezogener Hinterradbremse um die Spitzkehre eiern kann. Gleichzeitig hängt man ganz hinten auf dem Bike aus Angst, in der Falllinie über den Lenker zu gehen. Und das sind dann auch schon die drei Grundprobleme, mit denen jeder Biker in Serpentinen zu kämpfen hat. Man braucht sehr viel Balancegefühl, weil man in einer Spitzkehre oft das Tempo so weit reduziert, dass man fast stehen bleibt. Wer auf der Stelle stehen kann, ohne in Panik zu geraten (siehe auch Kapitel Balance), meistert solche Passagen viel leichter. Immer im Stehen anfahren und auf der gewünschten Linie vorausschauen. Der Körper folgt automatisch der Blicksteuerung.

LINIE Suche die ideale Strecke, um die Serpentine in einer Linie durchfahren zu können. In Sekundenbruchteilen speicherst du die hindernisfreie Linie ab. In der Haarnadelkurve hast du meist keine Chance, noch über Hindernisse hinwegzufahren. Die ganze Zeit stehst du auf den Pedalen, um das Bike schnell und flexibel steuern zu können. Reduziere das Tempo mit beiden Bremsen bis auf geringe Schrittgeschwindigkeit herunter. Durch das steile Gelände muss deine Hüfte hinter den Sattel, wie bei der Steilabfahrt. Du visierst die Serpentine an und fährst sie möglichst weit außen an. Dadurch hat das Hinterrad genügend Raum, um in der Kurvenmitte nach innen zu schwenken. Daran denken: Das Hinterrad folgt nicht einfach der Linie des Vorderrades, sondern beschreibt einen engeren Radius. Das ist wie beim engen Kurvenfahren mit dem Auto, wenn das Hinterrad über den Bordstein holpert.

STEUERN Die Schlüsselstelle: Hier musst du den Lenker möglichst weit einschlagen. Du fährst damit kurz in die Falllinie. Dabei ist es wichtig, die Vorderradbremse kurz aufzumachen, um das Rad lenkbar zu halten und gleichzeitig mehr Traktion zu erzielen. Das Bike unter dir kippen, wie im Trockentraining geübt, so kann man die Kurve eng zirkeln. Wichtig: nie das kurveninnere Pedal unten! Die Gefahr, dass es hängen bleibt, ist viel zu groß.

AUSFAHRT Nach der Kurve das Bike wieder aufrichten. Sobald der Trail es zulässt, beide Bremsen aufmachen oder eventuell antreten, damit sich das Bike durch die Geschwindigkeit wieder stabilisiert.

Keine Angst vor Stufen

Jeder Mountainbiker hat seine Hemmschwelle. Dabei kann man fast alle Stufen, egal ob bergauf oder bergab, auf zwei Reifen bewältigen.

Es ist wieder so weit: Du bist am Gardasee. Nach zwei Stunden Quälerei nach oben wartet eine geile Singletrackabfahrt. Du fährst entspannt, alles läuft wie von selbst. Und dann der Notstopp. Auf einmal bremsen Mordsstufen deinen Fahrspaß. Das muss nicht sein. Du kannst deine Hausaufgaben machen, bevor du da runterfährst. Und zwar an einem Bürgersteig. Warum nur am Bürgersteig –

Stufen gerade anfahren, und sobald das Vorderrad abtaucht, eine entsprechende Ausgleichsbewegung nach hinten ausführen. Diese lieber zu stark als zu schwach, sonst droht Überschlagsgefahr.

die Stufen sind doch viel höher? Wie bei allen anderen Fahrtechniken gelingt das Manöver besser, wenn man sich vom Leichten zum Schwierigen vorarbeitet. Man schraubt so die Nervosität herunter, übt den Bewegungsablauf ohne zu verkrampfen und kann sich wirklich stufenweise an höhere Hindernisse herantasten.

Am Bordstein oder einer sauberen Kante in einem ruhigen, ansonsten einfach zu fahrenden Waldweg kannst du dich komplett auf den Bewegungsablauf konzentrieren und wirst nicht von Steinen oder

Typische Fehler beim Runterfahren

- Gewicht wird schon vor der ersten Stufe nach hinten genommen. Keine Kontrolle.
- Gewicht bleibt hinten im Übergang ins Flache. Resultat: Salto rückwärts.
- Zu viel Vorderradbremse in Steilstufe oder Treppe. Rad bockt. Sturz über Lenker.
- **Tipp:** Bei Schwierigkeiten immer nach hinten absteigen. Man landet gemütlich auf dem Allerwertesten und kann das Rad schon mal vorausfahren lassen.

glitschigen Wurzeln abgelenkt. Und schon gleich gar nicht vom gähnenden Abgrund neben dem Trail. Es gibt grundsätzlich zwei Möglichkeiten, eine Kante hinunter zu kommen: fahren oder droppen.

VOR-ZURÜCK IM RICHTIGEN TIMING

Droppen: Du fährst im Stehen an, und kurz bevor du mit dem Vorderrad über die Kante rollst, gibst du am Lenker einen explosiven Impuls nach hinten oben und hältst dadurch das Vorderrad in der Luft, und zwar genau so lange, bis das Hinterrad über die Kante rollt, um dann mit beiden Rädern gleichzeitig auf der Ebene zu landen. Das ist ausführlich in Kapitel 13 „Freeride Drop" gezeigt und beschrieben.

Fahren: Du fährst im Stehen an, und sobald dein Vorderrad über die Kante rollt, gehst du mit deinem Allerwertesten nach hinten, um den Körperschwerpunkt hinter den Sattel zu bringen. Wenn dein Hinterrad auf der Ebene wieder aufsetzt, musst du wieder nach vorne. Eigentlich ganz einfach, aber entscheidend ist das Timing. An kleinen Kanten bis zu zehn Zentimeter macht es

Anfahrt im Stehen. Sobald das Vorderrad über die Kante rollt, bringe ich mein Gewicht hinter den Sattel und zwar nur soviel, wie das Bike abtaucht (je nach Steilheit der Geländestufe oder Treppe). Geschwindigkeit schon in der Anfahrt so weit reduzieren, dass man keine unnötigen Bremsmanöver in der Stufe/Treppe mehr vornehmen muss. Große Lenkbewegungen vermeiden. Flüssig und entschlossen durchfahren. Beim Übergang ins Flache: Gewicht angepasst wieder nach vorne bringen.

nichts, wenn man mal zu spät nach hinten oder nach vorne geht. Je höher die Kante wird, desto wichtiger wird die optimale Koordination. Also sollte man sich schon beim Üben am Randstein genau das Timing einprägen: Wirklich in dem Moment, wenn der Vorderreifen an der Kante ist, zügig die Arme strecken und die Hüfte hinter den Sattel schieben. Genauso schnell sollte der Schwerpunkt wieder nach vorne kommen, wenn der hintere Reifen aufsetzt, außer es geht nach der Kante weiter steil abwärts.

Das ist ja einfach vom Bürgersteig, werden jetzt einige sagen. Stimmt. Aber wenn du Koordination und Timing drauf hast, kannst du dich weiter vorantasten. Höhere Kanten, Treppen und Geländestufen. Überall der gleiche Bewegungsablauf. Aber Vorsicht: Ab einem halben Meter wird es heikel. Das Kettenblatt setzt auf, und dadurch herrscht Überschlagsgefahr. Wenn der Impuls am Lenker und die Gewichtsverlagerung nach hinten beim Droppen von einer 50 Zentimeter hohen Stufe nicht ausreichen, dann heißt es ebenfalls OTB: over the bars.

Also erst an höhere Sachen heranwagen, wenn die Bewegung an der Bürgersteigkante perfekt sitzt. Um sich das Üben schwieriger zu gestalten, kann man beim Hinunterfahren das Tempo erhöhen und dabei weiter einen sauberen Bewegungsablauf „Körper zurück-vor" durchziehen. So automatisiert man sein Gefühl für den Ablauf, und der Körper wird sich hoffentlich daran erinnern und ihn wie von selbst an Kanten ausführen.

Anfahrt im Stehen. Auf das Timing achten und im richtigen Moment das Gewicht nach hinten und Impuls am Lenker geben, dadurch das Vorderrad über die Stufen heben und oben aufsetzen. Zeitgleich – durch Entlasten der Pedale und Verlagerung des Körperschwerpunkts nach vorne oben – das Hinterrad über die Stufen lupfen. Tipp: Hinterrad muss nicht vom Boden weg, es reicht zu entlasten, ansonsten lauert der Plattfuß. Die Technik funktioniert genauso wie beim Bunny Hop.

SO GEHT'S TREPPEN RUNTER

Treppen: das Gleiche wie oben. Im Prinzip ist eine Treppe nur eine Aneinanderreihung von vielen Stufen. Po nach hinten und durch. Mehr Speed stabilisiert. Vor allem kleine Treppenstufen sind fast wie eine Schräge abwärts. Man bewältigt sie mit dem Gewicht etwas hinter dem Sattel im Stehen. Arme und Beine sind gebeugt und unterstützen als Bio-Stoßdämpfer Federgabel und Dämpfer oder Hinterreifen. Die Vorderradbremse eher meiden, ihr könnt ja unten wieder bremsen. Bei größeren Stufen, zwischen denen mehr Raum liegt, gilt dasselbe wie bei einzelnen Kanten: Vorderrad über die Kante – Gewicht nach hinten, Übergang in die Ebene – Gewicht nach vorne. Je nach Tempo muss man dieses Zurück-Vor-Zurück-Spiel unheimlich flott und dafür weniger kräftig ausführen.

AUFWÄRTS BITTE

Um eine Stufe hinauf zu kommen, greifen wir auf ähnliche Mechanismen zurück. Die Bordsteinkante ist perfekt zum Üben. Weil auch hier eine direkte Rückmeldung erfolgt: Mache ich es richtig, komme ich hoch. Mache ich was falsch, kassiere ich relativ sicher einen Platten.

Auch hier ganz wichtig: das exakte Timing. Ich fahre an, und im entscheidenden Moment gebe ich den Impuls am Lenker, um das Vorderrad auf die Kante aufzusetzen. Dann entlaste ich mein Hinterrad und schon bin ich oben. Wie kommt der Impuls zustande? Beugung der Arme und dann explosive Streckung und gleichzeitige Verlagerung des Schwerpunkts nach hinten. Nur so bekomme ich das Vorderrad wirklich in die Luft und kann das Ganze auch noch timen. Denn bin ich zu früh wieder unten, lande ich vor dem Hindernis und werde abrupt gebremst. Das Hinterrad kann ich nur mit der umgekehrten Bewegung entlasten. Also Körperschwerpunkt von hinten wieder nach vorne-oben bringen und zwar sehr schnell, sonst macht es „pffffft". Mit den nach hinten verkeilten Füßen lupfe ich das Heck bei höheren Kanten nach oben. Bestens zum Üben sind BMX-Pedale, weil man mit Klickpedalen mogeln kann.

Typische Fehler beim Rauffahren

- Timing. Man verpasst den richtigen Moment, das Vorderrad in die Luft zu nehmen.
- Stufen zu hoch oder zu viele hintereinander.
- **Tipp:** An kleinen Kanten, wie zum Beipiel Bürgersteigen üben, um den Bewegungsablauf zu verinnerlichen, dann langsam steigern. Zum Üben mehr Luftdruck in die Reifen (4 bar), das senkt die Durchschlagsquote. Aber hinterher wieder ablassen.

Wer den Bunny Hop beherrscht, kennt dieses zweiphasige Spiel schon von den Vorübungen (Kapitel 5). Wenn ich jetzt diese Bewegungen sehr schnell hintereinander ausführe, heben Vorder- und Hinterrad kaum zeitlich versetzt vom Boden ab. Das sähe dann vom Timing her ungefähr so aus: Während das Vorderrad schon in der Luft ist, entlaste ich das Hinterrad und schiebe das Bike durch Strecken der Arme nach vorne unter dem Körper durch. Dadurch verlässt auch das Hinterrad den Boden, und ich bin beim Bunny Hop. Natürlich kann ich auch mit dem Häschen-Sprung Stufen und Kanten hochspringen und herkömmliche Hindernisse wie Baumstämme und Rinnen souverän überwinden.

Dies funktioniert aber nur in der Ebene oder auf der Abfahrt. Sobald ich bergauf fahre und komme an eine Kante, muss ich Vorder- und Hinterrad getrennt auf die Stufe hochsetzen. Bin ich nicht schnell genug oder die Stufe ist relativ hoch, wird mein Hinterreifen genau auf der Kante landen. Vor allem auf glitschigen Passagen wie feuchten Wurzeln, nassen Felsen oder lockerem Schotter nicht im kleinsten Gang nach oben kurbeln. Auf oder nach der Kante gefühlvoll antreten, sonst ratscht der Pneu durch und ich muss absteigen – obwohl ich die Stufe doch schon geschafft hatte.

Auf das Timing kommt es an. Im richtigen Moment am Lenker ziehen und das Gewicht hinter den Sattel bringen, um das Vorderrad vom Boden zu heben. Trockenübung: Vorderrad vom Boden, siehe Kapitel Bunny Hop.

OCTANE
ROCK SHOX

Abwärts bitte

Überwindung und schnelle Reaktion, mehr braucht man nicht für steile Abfahrten. Denn mit einem Mountainbike kann man selbst extreme Passagen hinunterrollen, die man kaum zu Fuß gehen möchte.

Das Schlimmste an Steilabfahrten ist die Überwindung der inneren Hemmschwelle: über die Kante zu rollen und mit dem Vorderrad ins Bodenlose abzukippen. Dabei kann man mit einem Mountainbike extrem steile Neigungen hinabfahren. Das geht fast bis zur Senkrechten, wie Profibiker und Stuntfahrer immer wieder auf Fotos und in Videos beweisen. Man muss zwar nicht deren Kamikazeaktionen imitieren, aber das Prinzip kann man schon nachahmen: eine entschlossene extreme Gewichtsverlagerung nach hinten. Eine gute gefühlvolle

ANFAHRT Raus aus dem Sattel. Wenn du auf den Pedalen stehst, kannst du besser vorausschauen, flexibel reagieren und das Gewicht blitzschnell nach hinten verlagern, wenn das Bike über die Kante geht. Die Kurbeln stehen dabei waagerecht, der Schokoladenfuß ist vorne. Dein Schokoladenfuß ist derjenige, mit dem du am liebsten anfährst oder den du beim Downhill vorne hast. Die Steilabfahrt gelingt viel leichter, wenn du zuvor den Sattel tiefer stellst.

KANTE Das rote Dreieck verdeutlicht, wie sich der Körper über dem Bike bewegen muss. Kippt das Vorderrad nach unten ab, kommt die Bewegung aus dem Trockentraining: die Arme ganz lang machen (merkt man an den fast gestreckten Ellenbogen) und den Po über den Sattelrand weit nach hinten schieben. Die Brust nähert sich dem Sattel, das Becken befindet sich über der hinteren Nabe.

STEILPHASE Je steiler die Abfahrt, desto extremer die Körperhaltung. Die Arme sind total gestreckt, die Brust liegt fast auf dem Sattel auf. Ein tiefer gestellter Sattel ist an diesen supersteilen Kanten unbedingt nötig, um die Hüfte leichter nach vorne zu bringen.

AUSSTIEG Du blickst nach vorne, um den Ausstieg aus dem Steilhang anzupeilen. Die Knie sind leicht gebeugt, um den Körper wieder nach vorne drücken zu können. Mit der Hinterradbremse Tempo kontrollieren.

AUSFAHRT Blitzschnell am Lenker ziehen. Du musst die Arme beugen und das Vorderrad entlasten, indem du das Bike vorne leicht nach oben ziehst. Die Hüfte flott wieder über den Sattel Richtung Vorbau schieben, aber dabei nicht auf den Lenker drücken, damit das Vorderrad nicht plötzlich stoppt, weil es hängenbleibt.

Bremstechnik. Und eine saubere Linie, indem man einfach den Lenker gerade hält.

Im Prinzip kippt ein Bike samt Fahrer erst nach vorne über, wenn der gemeinsame Schwerpunkt vor der Vorderachse liegt oder wenn das Vorderrad extrem abgebremst wird, sodass man katapultartig über den Lenker hechtet. Also versucht man bei steilen Abfahrten einfach beides zu vermeiden. Dazu kann man sich klar machen, dass man als durchschnittlicher Biker fast das achtfache Gewicht seines Bikes besitzt. Verlagert man also seinen Körperschwerpunkt weit nach hinten und nach unten, kann man gar nicht nach vorneüber kippen, weil der gemeinsame Schwerpunkt von Bike und Fahrer weit hinter der vorderen Nabe liegt.

Diese Position auf dem Bike kann man auch in der Ebene üben, sodass man sie fast instinktiv und automatisch einnimmt. Am besten stellt man dazu den Sattel niedriger, sodass man bei der Vor-Zurück-Bewegung nicht daran hängen bleibt.

TROCKENÜBUNG IN DER EBENE

Jetzt rollt man einfach auf den Pedalen stehend auf einer Ebene oder leicht bergab und stellt sich vor, dass man an eine Kante mit einer steilen Abfahrt dahinter kommt. Oder man sucht sich eine Schräge, die man schweißfrei bewältigt und übt schon mal da. Sobald das Vorderrad über die Kante geht, schiebt man blitzschnell die Hüfte so weit nach hinten über den Sattelrand, wie es die Armlänge erlaubt. Dabei hilft auch, automatisch die Arme durchzustrecken, sodass die Bewegung nicht nur aus den Beinen und der Hüfte, sondern auch aus dem Oberkörper kommt. Ein oder zwei Finger liegen immer an beiden Bremshebeln, denn die wird man später im „echten" Gelände auf jeden Fall brauchen.

Während man rollt, checkt man am besten auch einmal aus, wie tief man gehen kann, bevor die Stollen den Hintern kitzeln. Man prägt sich diese Haltung auf dem Bike ein und übt mehrmals, blitzschnell diese Position einzunehmen. Das sollte irgendwann so selbstverständlich funktionieren wie Kniebeugen oder Liegestütz. So vermeidet man die Angstreaktion, an einer Kante zu verkrampfen und womöglich mit steifen Ellenbogen und blockierten Knien die Rampe hinunter zu donnern.

Hat man diese Bewegung verinnerlicht, gewöhnt man sich am besten noch ein bisschen an die ungewohnte Position. Wer will, kann auch einen leichten Slalom auf dem Parkplatz oder auf der Schrägen ausprobieren, um zu sehen, wie sich das Bike aus dieser Affenhaltung dirigieren lässt. Dazu senkt man den Po so weit wie möglich ab, die Brust liegt dabei fast oder wirklich schon auf dem Sattel. Das Lenken wird durch die gestreckten Ellenbogen etwas erschwert, also wird man stärker mit Gewichtsverlagerung beim Slalom arbeiten als mit Lenkbewegungen.

GEFÜHLVOLL BREMSEN

Fühlt man sich in dieser Position einigermaßen wohl, übt man die Bremsmanöver. Normalerweise übernimmt die Vorderbremse den stärksten Part, doch in der schiefen Ebene ist das etwas zu gefährlich. Hier versucht man, die hintere Bremse maximal zu benützen und mit der Vorderbremse dosiert und feinfühlig ergänzend zu arbeiten. Wenn das Hinterrad dabei rutscht, ist die Bremswirkung geringer, auch wenn sich das in extrem steilen Passagen leider oft nicht vermeiden lässt. Am besten wen-

Fahrspaß pur wie in der Achterbahn: Fühlt man sich an großen Kanten und Stufen noch wohl auf seinem Mountainbike, kann man auch Abfahrten im extremen Gelände genießen.

Selbst abschreckend aussehende Neigungen sind noch fahrbar, solange der Schwerpunkt immer hinter der Vorderachse liegt. Dazu die Hüfte weit über den Hinterreifen positionieren. Nur wenn man aus Versehen heftig an der Vorderbremse zieht, kann das Bike kippen. Also: vorne immer schön gefühlvoll bremsen!

det man das Prinzip Stotterbremse an: vorne verzögern und sobald man das Tempo im Griff hat, wieder aufmachen, um zu vermeiden, dass der Frontpneu blockiert. Bremst man vorne stark und eine Kuhle, ein Stein oder eine Wurzel kommen vor den Reifen, blockiert er unheimlich schnell. Eine eintauchende Federgabel „hilft" dann noch dazu, den Fahrer nach oben auszuhebeln.

Dritter Punkt: Lenker möglichst gerade halten. Sobald man zu stark einschlägt, will einen das Heck genau auf dieser Seite überholen und man muss gegenlenken, um das schlingernde Hinterteil wieder einzufangen. Das kostet Arbeit und Nerven – also vermeidet man es so gut wie möglich. Beginnt das blockierte Hinterrad seitlich zu rutschen, muss man sofort die Bremse aufmachen und in die Gegenrichtung lenken. Je früher man reagiert, desto geringer bleibt der Lenkausschlag und damit die Ablenkung im Steilmanöver.

NICHT ZÖGERN

Beim Anfahren an die Steilkante sollte man nicht zu sehr zögern. Zum einen gibt es sonst acht Strafpunkte wegen Verweigerung, und zum anderen wackelt man gerne am Lenker, wenn es zu langsam rollt – das sollte man vermeiden. Allerdings darf man sich auch nicht mit Vollgas hineinstürzen. Wie beim Gleitschirmfliegen muss noch Platz und Zeit sein für einen Startabbruch, wenn einen die Courage verlässt.

In der steilen Abfahrt dann, wie geübt, Po nach hinten, beide Hände an den Bremsen und möglichst gerade abwärts. Genauso aktiv und entschlossen wie die Startphase sollte die Ausfahrt erfolgen. Da das Vorderrad am Ende des Steilhangs wie in einer Kompression stark abgebremst wird, muss man hier unbedingt die Vorderbremse ganz aufmachen! Die Federgabel taucht stark ein, gleichzeitig bringt man seinen Schwerpunkt wieder nach vorne, um die Stauchbewegung abzufangen. Dabei steht die Hüfte in etwa über dem Sattel, die Knie sind leicht gebeugt, um Unebenheiten abzufangen. Wer auf Nummer sicher gehen will, zieht im Moment der „Landung" den Lenker nach oben, um das Vorderrad maximal zu entlasten. So kann das Vorderrad nicht in einer Rinne oder an einem Stein hängen bleiben.

Knackpunkte

- An der Kante schnell und in einer Bewegung hinter den Sattel gehen.
- Im Steilhang hauptsächlich mit der Hinterradbremse verzögern.
- Die vordere Bremse nur dosiert einsetzen.
- Beim Übergang ins Flache das Gewicht wieder nach vorne bringen.

Überflieger

Freerider nehmen hohe Absätze im Flug. Ganz wichtig bei dieser Technik: zügig anfahren und das Vorderrad entschlossen hochziehen.

Continental
SCOTT USA
CAMELBAK
ZONE

Wie bei steilen Abfahrten (Kapitel 12) gilt auch bei hohen Stufen bergab: Nur mit Überwindung und Entschlossenheit kommt man weiter. Auch hier sollte man sich unbedingt vom Leichten zum Schwierigen vorarbeiten, will man nicht seinem Bikehändler und seiner Apotheke mehrstellige Beträge über die Theke schieben. Die Drop-Technik hat sich mit dem steigenden Fahrkönnen und der verbesserten Technik, vor allem bei den Freeride-Bikes, immer mehr durchgesetzt. Zwar funktioniert ein Drop auch mit einem Hardtail-Bike, doch die Hinterradfederung und die großen Federwege der Enduro-Mountainbikes oder Downhiller schlucken viel Energie der harten Landung und verzeihen leichtere Fahrfehler eher.

Freeride Drops kommen zum Einsatz, wenn die Stufe nach unten zu hoch wird, um sie zu fahren. Bei kleineren Kanten fährt man auch die Drop-Technik, um flüssiger und eleganter darüber hinweg zu gleiten. Bei konventioneller Fahrtechnik muss man doch am Hindernis stark abbremsen, legt das Gewicht weit hinter den Sattel und nach der Stufe heißt es erst mal wieder in die Pedale treten. Beherrscht man dieses Freeride-Manöver, kann man fast ungebremst über mittlere Kanten rollen und elegant weiter cruisen.

Bei korrekter und guter Landetechnik schont man zudem sein Material, weil man den Aufprall gleichmäßig auf beide Laufräder und Gabel und Heck verteilt. Der konzentrierte Impact aufs Vorderrad wird damit vermieden. Anfangs wird man aus Sicherheitsgründen zuerst auf dem Hinterrad landen, das Vorderrad folgt dann. Je ausgefeilter der Absprung und die Landung ausfallen, desto sauberer wird man gleichzeitig aufsetzen. Doch muss dies je nach Absprunghöhe und Landebahn immer wieder neu kalkuliert werden und wird nur von Bewegungstalenten oder nach viel Übung automatisiert.

Um sich an die Drop-Technik heranzuarbeiten, sollte man wirklich an der Basis anfangen: Hops vom Randstein. Der Bewegungsablauf bleibt immer gleich. Lediglich Tempo und Intensität der Bewegung auf dem Bike ändern sich mit wachsender Fallhöhe. Wichtig, wie bei Steilstufen: kontrolliert und eher in ruhigem Tempo anfahren, statt hektisch und mit Vollgas los zu stürmen.

Die Anfahrt also auf den waagerechten Kurbeln, stehend, um mehr Übersicht zu haben und schneller reagieren zu können. Jetzt an den Randstein hinrollen und in dem Moment, in dem das Vorderrad die Kante passiert, entschlossen am Lenker nach oben ziehen. Auch während der Luftfahrt gleichmäßig weiter am Lenker ziehen, sonst besteht die Gefahr, dass das Vorderrad nach unten fällt und man nur auf dem Vorderrad landet, vor allem wenn man relativ langsam unterwegs ist.

Zur Vorübung kann man in der Ebene die ersten Ansätze zum Wheelie ausprobieren. So bekommt man ein Gefühl dafür, wie stark man am Lenker ziehen muss, um das Vorderteil zu heben. Ein gleichzeitiger Antritt in die Pedale und das Zurücklegen des Oberkörpers unterstützen natürlich den Start des Vorderrades nach oben. Der Unterschied besteht darin, dass man beim Wheelie im Sattel sitzen bleibt und dadurch das Drehmoment des Bikes nach hinten oben stärker ausfällt, als wenn man in den Pedalen steht. Vorsicht: Im Gelände nie im Sitzen an eine Stufe heranfahren! Man übt das Hochreißen des Vorderrades also immer im Stehen.

Fahrt in unterschiedlichen Geschwindigkeiten über den Randstein, um das Ti-

Trockentraining

Wichtig beim Freeride Drop ist das energische Hochreißen des Lenkers. Das muss man vorher in der Ebene üben. Das Vorderrad sollte bis zu vierzig Zentimeter vom Boden abheben. Du trittst an und reißt gleichzeitig den Lenker hoch. Dabei den Oberkörper etwas nach hinten lehnen und das Bike mitziehen, wie beim Wheelie. Ein Partner sollte kontrollieren, wie weit das Vorderrad hochkommt. Den Drop zuerst an unterschiedlich hohen Bordsteinkanten üben!

ming immer feiner zu steuern. Je schneller man an die Kante kommt, desto explosiver muss das Hochreißen des Vorderrades erfolgen und desto schneller landet das Hinterrad wieder auf dem Asphalt. Je höher die Sprungrampen werden, desto exakter muss auch das Timing erfolgen. Erst wenn man sich über vierzig Zentimeter wirklich sicher fühlt, Anfahrt, Absprung und Landung im Griff zu haben, sollte man höhere Kanten anvisieren.

Mit steigender Fallhöhe wird auch der Zug am Lenker wichtiger. An hohen Kanten genügt es nicht mehr, kurz am Lenker zu reißen und dann nachzulassen. Hier muss bewusst das Vorderrad so lange nach oben gezogen werden, bis man parallel zum Untergrund in der Luft schwebt. Kippt das Bike nach vorne ab, kann die Landung nur auf dem Vorderrad sehr unangenehm werden. Beim Bodenkontakt entscheidend: Lenker gerade halten. Vor allem wenn man flott unterwegs ist, kann es das Vorderrad schnell mal aus der Spur knallen, falls der Lenker windschief steht.

Vom richtigen Zeitpunkt: Man kann gar nicht genug üben. Nimm jede Bürgersteigkante oder kleine Wurzelstufen. Bevor das Vorderrad über die Kante rollt, kräftig am Lenker ziehen. Am besten mit beiden Rädern gleichzeitig aufkommen. Dann langsam die Höhe der Stufe immer mehr steigern.

Außerdem wichtig: das Gewicht immer schön mittig über dem Bike positionieren. Der Schwerpunkt liegt optimalerweise genau über dem Tretlager, um die Belastung gleichmäßig zu verteilen. Die Hüfte befindet sich also über dem Sattel. Man muss sich zwar im Moment des Absprungs leicht über Lenker und Vorbau beugen, um wirklich energisch nach oben ziehen zu können. Doch wandert der Oberkörper mit dem Zug wieder nach hinten. Eine Landung mit dem Gewicht zu weit vorne kann leicht dazu führen, dass die Gabel gestaucht wird oder das Vorderrad blockiert, vor allem in rauem Gelände, sodass eine unsanfte Gesichtslandung droht.

Wichtig beim Drop

- Entschlossen anfahren, schnell und vor allem kräftig am Lenker ziehen.
- Mittleren Gang einlegen, um noch einmal antreten zu können.
- Nicht zögern und sich an der Kante anders entscheiden. Wenn dann das Vorderrad abkippt, gibt's einen Endo (Vorderrad-wheelie) mit Face Plant (Nasenlandung).
- Nachdem das Vorderrad in der Luft ist, den Lenker nicht abkippen lassen.

Die Beine und Arme sind immer leicht gebeugt. Nie mit gestreckten Gliedmaßen landen! Das halten gute Fullies zwar mittlerweile aus, man staucht sich aber selbst die Knie, Ellenbogen und Handgelenke viel zu sehr, wenn man nicht die eigenen natürlichen Federwege ausnützt. Und die Felgen freuen sich auch nicht gerade über den Schock.

FREERIDE DROP In vielen Abfahrten lauern Stufen, die zunächst unfahrbar erscheinen. Drops nennen die Amerikaner das, weil diese Absätze senkrecht abfallen. Mit einem Freeride-Bike fährt man diese Drops anders als mit dem Cross-Country-Rad. Durch den geschwungenen Lenker und den kürzeren steilen Vorbau fällt es mit dem Freerider viel leichter, das Vorderrad nach oben zu lupfen.

VORBEREITUNG Im schwierigen Gelände rollt man im Stehen an die Kante. Du kontrollierst die Geschwindigkeit mit beiden Bremsen. Etwa ein bis zwei Meter vor dem Drop, je nach Gefälle, lässt du die Bremsen los, um Geschwindigkeit aufzunehmen. Du beugst die Arme und gehst mit dem Oberkörper tiefer über den Vorbau, um für das Hochreißen Energie zu sammeln.

ABSPRUNG Die entscheidende Phase: Entschlossen reißt du das Vorderrad hoch, indem Du die Ellenbogen kräftig und schnell anwinkelst und den Oberkörper nach hinten nimmst. Der vordere Teil des Bikes muss so weit nach oben kommen, dass das Vorderrad noch in der Luft ist, wenn das Hinterrad über die Kante rollt. In relativ flachem Gelände und bei gemäßigtem Tempo kannst du dieses Hochreißen noch durch einen kräftigen Antritt ins Pedal verstärken, wie du es im Trockentraining geübt hast.

FLUGPHASE Wie bei der Steilabfahrt muss die Hüfte hinter den Sattel. Gleichzeitig schiebst du das Bike unter dir nach vorne. Du musst während der Luftfahrt unbedingt weiter am Lenker ziehen. Viele machen den Fehler, nach dem Absprung im wahrsten Sinne des Wortes alles hängen zu lassen. Doch du musst aktiv das Vorderrad in der Luft halten. Dazu mit dem Körper leicht nach hinten gehen, damit nicht zuviel Gewicht auf dem Vorderteil des Bikes lastet. Sollte das Bike vorne abkippen, schnell das Gewicht noch weiter nach hinten verlagern. Wenn sich das Hinterrad frei in der Luft befindet, kannst du leicht die Beine strecken – nie ganz durchstrecken! So kommt das Hinterrad nach unten, und du kannst den Aufprall besser abfedern.

LANDUNG Ideal ist eine Landung auf beiden Rädern gleichzeitig, um die Wucht des Aufpralls auf beide Laufräder zu verteilen. Doch bei den ersten Drops ist es leichter, zuerst mit dem Hinterrad aufzukommen. Denn jedes Gelände weist eine andere Neigung auf. Diese Schräglage zu treffen, gelingt nur mit Erfahrung. Auch bei vollgefederten Bikes musst du die Landung mit gebeugten Beinen und Armen abfedern.

VORDERRAD AUFSETZEN Konzentriert bleiben für den zweiten Teil der Landung, wenn das Vorderrad aufsetzt. Dabei den Lenker gerade halten, die Ellbogen sind gebeugt und die Arme angespannt, um abzufedern. Die Finger sofort wieder an die Bremsen legen, aber auf keinen Fall mit gebremstem Vorderrad landen.

Alles im Fluss

Ein Singletrack ist die Krönung der Bike-Erlebnisse.
Von Kurve zu Kurve schwingen, mit dem Vorderrad
auf den Zentimeter dem schmalen Weg folgen.
Wenn alles optimal läuft, kommt man in den Flow.

SINGLETRACK

Der Singletrack, zu Halbdeutsch auch gerne Singletrail genannt, oder auf ganz Deutsch Einspur-Weg, ist das Höchste für den Mountainbiker. Wie in einem Videospiel schießt er über einen schmalen Weg hindurch zwischen Bäumen, Büschen und Farnkraut. Es ist nicht viel Platz. Nicht zum Lenken und auch nicht für Fehler. Schnelles Reagieren ist gefragt. Einmal zu spät gebremst, und schon droht die Botanik. Auch für Verschalten ist keine Zeit. Denn schon ist der nächste Hügel da, und man verliert seine Geschwindigkeit und damit seinen Fluss. Auf Englisch heißt das „Flow".

Ausgesetzte Singletracks erhöhen den Adrenalinausstoß. Wer Angst hat, verkrampft und kann weder den Trail noch die Landschaft genießen. Wer sein Bike im Griff hat, erlebt eine tolle Bike-Tour.

ALLES FUNKTIONIERT VON SELBST

Und genau das ist es, was uns wie in Trance über den Trail floaten lässt. Es handelt sich hierbei um ein Phänomen, welches von dem amerikanischen Wissenschaftler Csikszentmihalyi schon mehrfach untersucht worden ist. Der Flow-Zustand beschreibt einen Zustand des völligen Einsseins mit seinen Bewegungen. Die Bewegungen fließen förmlich von alleine und man macht sich keine Gedanken über Ängste, Probleme oder andere weltliche Dinge, sondern man befindet sich ausschließlich im Hier und Jetzt. Das Einzige was zählt, ist die Lösung der nächsten schwierigen Technikpassage auf dem Singletrack. Das genau ist der Zustand, der viele Mountainbiker süchtig macht. Deshalb können die meisten es nicht lassen und steigen immer wieder aufs Bike.

Um den Flow zu erleben, dürfen die Anforderungen natürlich nicht zu hoch sein. Ist der Trail stark exponiert, wie zum Beipiel die d`Uina Schlucht im Unterengadin, dann wird es schwierig mit dem Flow. Denn je nach Fahrkönnen stellt sich hier sogar Todesangst ein. Dann verkrampft man natürlich. Der Trail muss also im Bereich des Fahrbaren liegen. Allerdings darf die Aufgabe auch nicht gleich langweilig sein. Es braucht die goldene Mitte. Der Nervenkitzel sollte vorhanden sein, aber die entsprechenden Bewegungsmuster zur Lösung der Aufgabe auch. Wann und wo die Nerven prickeln, hängt vom individuellen Fahrkönnen ab. Je höher das automatisierte Techniknivau

Rechte Seite: Beim Singletrack-Vergnügen lautet die Devise: maximaler Fahrspaß, minimales Risiko. Vorausschauender Blick, locker in den Pedalen stehend und das Bike mit Body Language durch die Botanik manövrieren. Jederzeit bremsbereit und natürlich auch für kleine Anstiege gerüstet sein. Feel the flow!

eines Bikers ist, umso größer muss die Herausforderung des Trails sein, um den Flow zu erleben. Ein paar Grundlagen sollten drin sein, bevor man sich auf der Suche nach dem Flow in die Trails stürzt.

GESCHMEIDIG WIE EINE KATZE

Fangen wir mit dem Thema Antizipation an. Ein schweres Wort aus der Trainingslehre für Vorausschauen und Vorwegnehmen. Also die Augen fahren voraus und scannen den Trail nach aufkommenden Hindernissen, dem Kurvenverlauf und Uphill- oder Downhill-Passagen. Das heißt, wir sollten immer bewegungsbereit sein und mit Überraschungen rechnen. Geht es zum Beispiel plötzlich bergauf, sollten wir uns rechtzeitig um die richtigen Gänge gekümmert haben. Vorzugsweise befinden wir uns vorne auf dem mittleren Kettenblatt und hinten auch irgendwo in der Mitte. So haben wir mit dem Schaltvorgang am rechten Griff eine größere Bandbreite für Aufs und Abs. Für den Fall, dass es längere Zeit bergab geht, macht es Sinn, das große Kettenblatt aufzulegen. Dadurch müssen wir, falls wir mittreten, nicht wie eine Nähmaschine kurbeln, sondern können mit ruhiger Trittfrequenz – so um die 80 Umdrehungen in der Minute – den Trail genießen und unsere Geschwindigkeit anpassen. Außerdem hat dies den Vorteil, dass die Kette mehr Spannung hat und somit weniger Gefahr läuft, sich im Getriebe zu verheddern oder ins Leere zu springen.

Um im Singletrack schnell reagieren zu können, meidet man den Sattel. Im Stehen läßt sich das Bike viel besser kontrollieren und man kann alle Wellen, Löcher, Hindernisse ausgleichen. Singletracks verlangen vom Biker eine gewisse Dynamik. Weiche ausgleichende Bewegungen, wie die Katze über den Dächern von Nizza. Dann wieder explosiv Arme und Beine beugen und strecken. Je nach Situation. Im Stehen rollen wir mit waagerechten Kurbeln dahin. Wie beim Snowboarden den Lieblingsfuß vorne. So können wir das Bike geschickt um jede Kurve und jeden Baum manövrieren. Kommen schnell aufeinander folgende

Der Traum für jeden Mountainbiker: ein softer Singletrack im Laubwald. Die Optik verengt sich zum Tunnelblick, die volle Konzentration geht auf das schmale Band vor dem Vorderreifen und man versucht, jedes Hindernis blitzschnell zu erfassen und zu meistern.

Richtungswechsel, lohnt es kaum, das kurvenäußere Pedal (siehe Kurventechnik) nach unten zu bringen, weil man gleich anschließend wieder in die umgekehrte Position gehen müsste. Dazu reicht zum einen die Zeit nicht und zum andern bringt das unnötige Unruhe in die Fahrposition.

„Body Language" heißt das Schlagwort. Körpersprache, also schnell agieren, beweglich in den Knien und Ellenbogen sein und Körperschwerpunkt dynamisch hin und her verlagern. Es kann immer ein Ast in Kopfnähe kommen oder ein unvorhergesehenes Schlammloch, dem man ausweichen möchte. Kleine Haken schlagen, das Bike unter sich arbeiten lassen. Steuern durch aktive Körperbewegungen. Das Bike folgt den Bewegungen und den Impulsen des Körpergewichts. Aber: keinen „Todesgriff" am Lenker, sondern locker bleiben. Sobald ich verkrampfe,

verbrauche ich unnötig Energie und die Konzentration lässt nach.
Auf dem Singletrack ist wenig Platz um auszuweichen. Daher muss man mit jedem Untergrund zurecht kommen. Ob grobe Brocken, holprige Wurzeln oder schlammige Abschnitte – da muss man durch. Im Sand werden viel Biker nervös. Auch hier gilt: locker bleiben. Das Bike unter dem Körper laufen lassen. Den Griff etwas lösen und schon sucht es sich den besten Weg durch die Sandkuhle. Gerade im Norden Deutschlands und in den Mittelgebirgen gibt es doch immer wieder sandige Trail-Passagen. Vortrieb und Geschwindigkeit stabilisieren. Wenn du hier zu langsam bist oder gar die Vorderbremse ziehst, bohrst du dich in den losen Untergrund und bekommst Schwierigkeiten, den Kurs zu halten. Oft endet Zögern in der Flora und Fauna des Heimatwaldes.

ZÜGIG ÜBER WURZELN

Wurzelpassagen, meist auch noch feucht, glitschig und hängend, sind den meisten 26-Zöllern ein Dorn im Auge. Aber: Wer viel wagt, der viel gewinnt. Die Wunschlinie anvisieren und zügig drüber. Ist die Passage wirklich hängend, nach Möglichkeit eine höhere Linie anvisieren, denn wenn ich doch abrutsche und Höhe verliere, lande ich nicht gleich im Aus, sondern habe noch etwas Spielraum. Auf den meist blank geschälten Wurzeln tun sich die Reifen natürlich schwer, Traktion zu finden. Deshalb jede zusätzliche Belastung meiden. Bremsen ist tabu, das Gleiche gilt für Lenkbewegungen. Leicht machen auf dem Bike und möglichst kurze Kontaktzeiten mit den Wurzeln anstreben. Bremsen oder beschleunigen kann man hinterher wieder.

Ähnlich verhält es sich mit Glatteis oder dem Fahren auf festgefahrenem Schnee. Plötzliche Lenkbewegungen oder panikartige Bremsmanöver führen zu unangenehmen Bodenkontakten. Bleibt man locker, behält die Übersicht und probiert, sich leicht zu machen auf dem Bike, hat man die Passagen schneller gemeistert als vorher geglaubt. Es ist sogar ein sehr gutes Training auf dem Weg zur perfekten Bikebeherrschung, bei solchen Trailverhältnissen zu fahren. Und Spaß macht es auch, vor allem, wenn die Kumpels reihenweise im Gebüsch landen.

Man sollte nicht gehemmt oder verkrampft in Singletracks gehen. Lieber langfingrige Handschuhe, Helm sowieso, und eventuell leichte Protektoren anziehen. Denn Ausrutscher und Stürze gehören beim Biken schon mal dazu. Alle Bewegungserfahrungen auf dem Rad machen ei-

Weil ein schneller Singletrack die höchste Konzentration erfordert, kommt man hier am ehesten in das Flow-Erlebnis: Das Gehirn schaltet auf Autopilot, alle Körperbewegungen sind perfekt und scheinen wie von selbst zu funktionieren.

nen technisch besseren Biker aus dir. Unser Gehirn speichert diese Erfahrungen, und in der entsprechenden Fahrsituation holt es hoffentlich das richtige Bewegungsmuster hervor. Wenn nicht, dann vielleicht im nächsten Singletrack. Schließlich lernt man aus gemachten Fehlern. Und kommt schnell wieder in den Flow.

WELLENREITER

Double, Manual – Begriffe, mit denen Sie nichts anfangen können? Dann wird es höchste Zeit, diese Manöver nicht nur zu verstehen, sondern sie auch zu beherrschen. Denn diese Fahrtechnik bringt einen sicher durch Wellen und Täler.

DOUBLES

Sie kennen das von der BMX-Bahn: Eine Linie Kamelbuckel neben der anderen, hohe Wellen und tiefe Täler – und die Kids fliegen und surfen über die Strecke, als wäre sie eine ebene Fläche. Deswegen müssen Sie ja nicht gleich selbst zum BMX-Pilot werden. Aber einige dieser Tricks (die man übrigens gleich auf der BMX-Bahn üben kann) nutzen auch auf dem Mountainbike-Trail. Wer beispielsweise den Manual beherrscht, überwindet mit links tiefe Wasserrinnen, die man zu spät gesehen hat, um sie zu überspringen – einfach Lenker hochziehen und auf dem Hinterrad durchrollen. Reines Rollen auf dem Hinterrad ohne Pedalbewegung heißt Manual. Da solche Manöver aus der BMX-Szene entlehnt sind, ist auch die Namensgebung englisch geblieben.

Auf dem Trail gibt es oft Bodenformationen, die geformt sind wie ein Double oder wie eine kleine Wellenbahn. Hier kann man mit dem Gelände spielen und probieren, die Wellen zu schlucken oder in die Luft zu gehen.

Die Bewegungsabläufe der Manöver Surfen und Bunny Hop (siehe Kapitel 5) sind sehr ähnlich. Surfen bedeutet, auf dem Hinterrad über Wellen zu rollen, um den Niveau-Unterschied auszugleichen. So spart man sich die zweimalige Auf- und Abbewegung, würde man der Geländeform auf beiden Reifen folgen. Dieses Manöver funktioniert bei flottem Tempo und starken Wellen viel schneller, man muss nicht so viel Speed rausnehmen.

Es gibt natürlich Wellen und Doubles, die eher an die Monsterwellen vor Hawaii erinnern. Hier demonstriert Backflip-König Timo Pritzel, wie man solche Ungetüme elegant zähmt.

FINDE DEN SWEET SPOT

Man muss sich einfach darüber im Klaren sein, dass man am Bike zwei Räder hat und diese unabhängig voneinander benutzen kann. Ein Bunny Hop ist eben auch nicht der Hüpfer (beide Räder gleichzeitig in der Luft), den man nur mit Klickpedalen zu Stande bringt. Beim „echten" Bunny Hop steigen zuerst das Vorderrad und danach erst das Hinterrad in die Luft. Dieser Bewegungsablauf ist zweiphasig. Dadurch lässt sich dieser Move auch mit geringer Geschwindigkeit ausführen.

Für alle hier gezeigten Manöver ist eine Grundbewegung wichtig: die Gewichtsverlagerung nach hinten und der Zug-Impuls am Lenker. So startet man den Wheelie, den Manual und auch den

Zum Eingewöhnen heißt es zunächst: Welle durchfahren. Dabei kann nichts schiefgehen und man gewöhnt sich daran, den Untergrund mit dem Bike auszugleichen. Das Rad soll möglichst am Boden bleiben. Beim Anfahren der Welle (1) beugt man erst Arme, dann Beine und „saugt" so den Hügel auf (2). In dieser zusammengekauerten Position drückt man das Bike bergab. Im Wellental muss man den Körper wieder strecken (3), um den Niveauunterschied auszugleichen. Folgt nach der ersten Welle gleich die zweite, wie hier in der Sequenz, muss man an der tiefsten Stelle wieder zur Beugebewegung zurückkehren. Und das Spiel geht von vorne los. Hoch, tief, hoch, tief...

Wenn zwei Wellen aufeinander folgen, nennt man das „Double". Einen Double zu surfen ist die hohe Schule. Beim Surfen ist die Geschwindigkeit deutlich höher als beim Durchfahren. Das Bike dabei am Boden zu halten – unmöglich. Deshalb bringt man an der ersten Welle das Körpergewicht nach hinten und hebt das Vorderrad an (vgl. Manual). Wenn man jetzt ins Tal rollt, muss man die Beine strecken, um den Niveauunterschied auszugleichen. Kommt die zweite Welle, muss das Timing stimmen. Das Vorderrad setzt man möglichst erst nach der Kuppe auf, dabei die Beine beugen und als Federung nutzen. Mit dieser Technik überwindet man auch tiefe Wasserrinnen oder Gräben, ohne das Tempo rausnehmen zu müssen.

DER DOUBLE JUMP
Einen Double zu springen erfordert neben der richtigen Technik (vgl. Bunny Hop) auch eine gehörige Portion Mut. Je weiter der Double ist, desto schneller muss man ihn anfahren. Zu geringes Tempo bedeutet: Landung im Gegenhang – äußerst schmerzhaft. Beim Absprung (1-2) wichtig: Aktives Abdrücken, die Beine werden dabei gestreckt. In der Luft (3) liegt der Schwerpunkt mittig über dem Bike, bloß nicht seitlich abkippen. Wer das Vorderrad zu weit nach oben reißt, dem hilft ein alter Motocross-Trick: Im Flug zieht man an der Hinterradbremse, dadurch neigt sich das Vorderrad wieder zum Boden. Im Landeanflug (4) visiert man den Landepunkt an und federt den Sprung beim Aufkommen (5) intensiv mit Armen und Beinen ab. Achtung: Lieber klein anfangen und zur Übung besser am Table (BMX-Rampe mit flachem oberen Verlauf, wie ein Tisch) beginnen. Er verzeiht mehr Fehler als ein Double.

Bunny Hop. Das Gespür für die optimal ausbalancierte Position des Körpers über der Hinterradachse – den Sweet-Spot – zu entwickeln dauert seine Zeit.

Zum ernsthaften Üben schraubt man sich besser Plattform-Pedale statt Klickies ans Bike, senkt den Sattel ab und schnallt sich Schienbeinschoner an. So kann man schneller absteigen und vermeidet Schrammen. Beim Surfen über hohe Wellen kann man sich weiter nach hinten lehnen, als man zunächst annimmt. Das Bike kippt stark nach hinten, die Vorderradnabe ist höher als das Ende des Sattelrohrs (gut zu sehen in Phase 3 der Surf-Sequenz).

AUF ZUM MANUAL-TRAINING

Wenn Sie nach hinten abgeworfen werden, haben Sie den Sweet-Spot etwas überschritten, waren aber sehr nahe dran. Als Schmerzprophylaxe leistet ein Rückenschutz oder Trinkrucksack gute Dienste. Wenn man erst mal den Bewegungsablauf des Wheelie (Kapitel 6) verinnerlicht hat, kann man sich in die Wellen wagen.

Die erste Variante, das Durchrollen auf beiden Reifen, gibt einem das Gefühl für den Untergrund. Für die zweite Variante, das Surfen, nutzt man die Technik des Manuals.

Zugegeben, diese Technik ist nicht ganz einfach. Aber es macht unheimlich Spaß und verbessert auf jeden Fall das Bike-Handling für alle möglichen Situationen auf dem Trail. Nichts spricht gegen einen spielerischen Nachmittag auf der BMX-Bahn, anstatt stumpf immer nur Grundlagentraining zu absolvieren.

Über Stock &

Dicke Brocken und tiefe Rinnen machen jedem die Abfahrt schwer. Auf solchen Trails muss man die beste Linie finden.

Stein

RICHTIGE LINIE

Auch im Zeitalter der Fullsuspensions, der vollgefederten Mountainbikes, sollte man nicht jeden Brocken auf dem Trail einfach plattbügeln. Eine saubere Linie zu fahren ist oft sicherer und vor allem materialschonender, als nach dem Motto „Augen zu und durch" einen Sturz zu riskieren, weil die Vordergabel am Grenzbereich ihres Federwegs angekommen ist. Gerade auf Singletracks abwärts oder auf grobschottrigen Wegen gibt es meistens eine saubere, glatte Fahrlinie, die man erkennen und der man folgen kann.

Je nach Tempo muss man dabei blitzschnell reagieren und mit kleinen Steuerimpulsen das Bike auf den neuen Kurs bringen. Deshalb wendet man bei Abfahrten hauptsächlich diese Technik an: Auf den Pedalen stehend, geschmeidig wie eine Katze, fährt man der weichsten Linie nach. Selbst Profi-Downhiller inspizieren vor dem Training den Kurs zu Fuß, um sich vor der Abfahrt die optimale Linie zu suchen. An schwierigen Passagen gehen sie dann Schritt für Schritt auf dieser Linie und versuchen, sich den Verlauf einzuprägen, um ihn später bei Full Speed auch zu treffen.

So viel Aufwand muss man als Hobbybiker nicht unbedingt betreiben. Aber wer immer wieder an kniffligen Teilstücken vor Angst die Notbremse zieht, sollte ruhig einmal absteigen und die Stolperstelle in Ruhe anschauen, um einen Pfad durch das Chaos zu finden. Je öfter man dies tut, desto schneller wird man die „verborgenen" Fahrspuren entdecken, und irgendwann kann man zügig durchrauschen, weil man schon vom Sattel aus die Überholspur entdeckt hat.

Stell dir einfach vor, auf dem Trail vor dir würde Wasser hinunter fließen. Die Tropfen kullern immer auf dem Weg des geringsten Widerstands und vermeiden jede unnötige Schwelle. Genau auf dieser Spur wird auch dein Bike am wenigsten gebremst werden. Je tiefer die Kante, je kleiner die Steinbrocken, je niedriger die Wurzel, desto weniger wird dein Vorderreifen gehemmt und deine Fahrt wird weicher und sicherer. Wer vorausschauend fährt (siehe auch Kapitel 17, Downhill-Tipps), versucht bereits zehn bis zwanzig Meter vor dem Lenker die beste Fahrspur zu entdecken. Oft muss man sich auch blitzschnell zu einem kleinen Bunny Hop entscheiden, oder zumindest das Vorderrad zügig entlasten, wenn man nicht mehr an dem Brocken vorbei kommt.

Auf grobem Schotter und rutschigem Sand darf man natürlich nicht einfach heftig am Lenker ziehen. Abrupte Manöver sollte man auf sehr lockerem Untergrund generell vermeiden. Optimal ist hier das Surfen: Man macht sich möglichst leicht auf dem Bike und versucht, über die Passage hinweg zu gleiten, wie auf einem Wellenreitbrett oder

Augen auf und durch. Nicht direkt vors Vorderrad schauen, sondern den Trail möglichst weit im Voraus nach möglichen Gefahrenstellen abscannen.

ANFAHRT Große Brocken und holprige Fahrrinnen bewältigst du am besten, indem du dich „leicht machst". Selbst auf einem Fullsuspension-Bike sollten die Arme und Beine immer noch als zusätzliche Stoßdämpfer arbeiten. Dies sieht man ganz deutlich an den stark gebeugten Ellenbogen und Knien. Um schnell reagieren zu können und viel Spielraum für das Balancieren zu gewinnen, auf den Pedalen stehen und das Bike mit seitlicher Gewichtsverlagerung steuern, wie im Trockentraining geübt. Dabei drückst du das Bike mit den Schenkeln am Sattel zur Seite. Einen mittleren Gang einlegen, damit du notfalls auch einmal antreten kannst.

VORDERRAD ENTLASTEN Bei ganz großen Brocken muss man das Vorderrad noch stärker entlasten, damit es an den Steinen nicht hängenbleibt. Du gehst dabei mit der Hüfte weit hinter den Sattel und übst wenig Druck auf den Lenker aus. Die Vorderbremse kaum benützen.

LINIE SUCHEN Auch im gröbsten Geröll und in vielen Wurzeln gibt es den Weg des geringsten Widerstands. Such dir eine Linie mit kleineren Steinen oder glatterem Untergrund. Fahre um die größten Brocken mit dem Vorderrad herum. Meistens triffst du diese dann mit dem Hinterrad. Deshalb immer locker bleiben und stehend mit den Beinen die Stöße abfedern. Das Bike nicht zu langsam rollen lassen, so findet es seinen Weg von selbst.

KÖRPERSTEUERUNG Durch die Steuerung mit dem Körper, dem Surfen, werden die Lenkeinschläge klein gehalten. Damit sinkt die Gefahr, dass das Vorderrad verschlägt. Nicht zuviel Druck auf den Lenker, damit der Vorderreifen nicht rutscht.

AKTIVE BALANCE Balanciere schwierige Stellen aus. Dabei bewegst du das Bike unter dir und stehst fast O-beinig auf den Pedalen, damit du das Rad besser seitlich hin- und herkippen kannst.

Um die richtige Linie zu finden, immer weit vorausschauen. Nach heftigen Regenfällen verändern sich die altbekannten Trails oft und sind brutal ausgewaschen. Damit man nicht in den Wasserrinnen landet und stecken bleibt, rechtzeitig auf die richtige Seite wechseln. Und nach Möglichkeit – wie bei Straßenbahnschienen auch – im spitzen Winkel anfahren und Vorderrad lupfen.

Snowboard. Diese Vorstellung im Kopf hilft dir für deine Position auf dem Bike: Leicht hinter dem Sattel, den Lenker nicht umkrampfen, sondern mit gebeugten Ellenbogen locker in den Händen liegend, sozusagen über statt auf dem Boden rollen. Die Kunst besteht darin, das Vorderrad zu entlasten, aber noch genügend Druck auszuüben, um nicht die Traktion vorne zu verlieren.

Viele Biker verkrampfen unnötig in schwierigen Passagen, umklammern dann mit steifen Armen die Griffe und verlieren jede Menge Kraft. Nicht vergessen: Geschwindigkeit bringt Sicherheit. Je schneller sich ein Laufrad dreht, desto stabiler bleibt es auf Kurs. Das heißt jetzt nicht, dass man mit Vollgas durch jede Rinne düsen sollte. Aber ruhig die Vorderbremse zwischendurch lösen, auch in relativ steilen Passagen, um Stabilität ins Bike zu bringen.

Tipps und Tricks

- Locker bleiben, Arme und Beine arbeiten als Stoßdämpfer
- Auf lockerem Geröll das Bike seinen Weg suchen lassen
- Mit etwas Speed surft man leichter über alle Klippen
- Den Lenker nicht krampfhaft festklammern. So wirst du nur steif, und das Vorderrad kann verschlagen.

Trockentraining

Du kannst das „Surfen“, die Steuerung des Bikes mit dem Körper und wenig Druck auf den Lenker, auch in weniger schwieriger Umgebung üben: Hände nur leicht auf die Griffe legen (Finger offen lassen) und auf einem leicht abschüssigen Asphalt- oder Schotterweg Slalom fahren. Dabei das Bike nur durch Gewichtsverlagerung und den Druck der Schenkel am Sattel steuern und nicht am Lenker ziehen oder drücken. Selbst bei mittlerer Geschwindigkeit wirst du erstaunt sein, wie schnell das Bike auf diesen Schenkeldruck mit Gewichtssteuerung reagiert.

Aber nicht alle Hindernisse lassen sich umfahren. Tückisch sind Längsrillen: Wenn da das Vorderrad hineingerät, zieht es das ganze Bike hinterher und man bekommt Probleme, aus dem Graben wieder heraus zu kommen. Am besten das Vorderrad hochlupfen, um die Rinne schräg zu überfahren. Wer es wagt und die Technik beherrscht, hüpft mit einem seitlichen Bunny Hop über den Graben, ohne das Tempo zu reduzieren. Dazu kippt man kurz vor dem Absprung kurz und entschlossen zur gewünschten Seite und zieht das Bike unter sich nach, sobald die Reifen den Boden verlassen haben. Solche Manöver probt man am besten auf einem Parkplatz und nimmt sich eine Markierung wie eine weiße Linie, um seine Reichweite auch wirklich einschätzen zu können.

Querrinnen, die vor allem in den Alpen und Mittelgebirgen immer wieder in Form von Entwässerungsabläufen auftauchen, sollte man ebenfalls mit dem Vorderrad in der Luft, besser noch mit einem Bunny Hop, neutralisieren. Wenn die Zeit nicht mehr für den Absprung reicht, greift als Notmanöver der Mini-Manual (Kapitel 15): Blitzschnell Lenker hochziehen und nur auf dem Hinterreifen durch die Rinne rollen. So staucht es die Gabel nicht zusammen und man vermeidet den drohenden Tiefflug über den Lenker.

Beim Suchen der geeigneten Linie im hängenden Gelände den Untergrund mit einbeziehen. Slickrock bietet jede Menge Traktion für Bike-Bereifung – doch den gibt's leider selten.

Downhill-Tipps

Locker abfahren klingt leichter als es ist. Mit diesen Tipps kommt man entspannt unten an.

Downhill als Disziplin hat die Mountainbike-Technik am stärksten beeinflusst. Durch die stabileren Bikes und die größeren Federwege sind die Geschwindigkeiten bergab immer schneller geworden. Nicht jeder Biker will wirklich ein Downhill-Rennen fahren, aber einige Tricks und Tipps helfen, sicherer und entspannter unten anzukommen.

Das Wichtigste beim Abfahren ist der vorausschauende Blick. Wenn du als Biker immer nur auf die direkt vor dir liegenden Hindernisse starrst, kannst du davon ausgehen, diese auch bestimmt zu treffen – was man ja genau vermeiden möchte. Geht der Blick aber weit vor den Lenker und sucht die Linie, auf der man fahren möchte, fährt man schneller und sicherer zu Tal. Man kann das vor einem liegende Gelände antizipieren, sich schon auf das einstellen, was auf einen zukommen wird. So kann man auch rechtzeitig Schaltvorgänge vornehmen, um nicht an Gegenanstiegen im falschen Gang absteigen zu müssen. Bei Massenveranstaltungen wie dem Bike-Marathon am Gardasee kann man sehr interessante Studien betreiben. Biker, die nicht voraus schauen, fahren verkrampfter den Berg hinunter als jene, die den Blick in die Ferne schweifen lassen. Man kann lockerer bleiben und somit Energie sparen, was einem natürlich auf den Uphill-Passagen wieder zugute kommt. Wer verkrampft, muss sich doppelt anstrengen und müsste dementsprechend mehr trainieren, um die Defizite auf dem Uphill wieder gutzumachen. Also lohnt es sich, auch Downhill-Fahrtechnik zu trainieren.

ALLES SOLL FEDERN

Gehen wir tiefer in die Materie. Locker bleiben auf dem Bike klingt nach wenig, beinhaltet aber sehr viel. Als zweiter Tipp: Auf der Abfahrt existiert der Sattel nicht. Stehen bleiben lautet die Devise. Nur so kann ich mit meinen Armen und Beinen alles abfedern, was kommt. Ich nutze meine Extremitäten als Federungselemente, auch wenn das Bike schon eine Federung hat. Auf den Pedalen stehend kann man schneller reagieren als im Sattel. Ich kann das Körpergewicht ohne Verzögerung in alle Richtungen verlagern, was sehr wichtig ist, denn das Gelände wechselt ja auch immer wieder. Biken ist keine statische Bewegung, sondern bedeutet Dynamik. Der so genannte „Todesgriff" am Lenker, sich mit aller Kraft festzuklammern, trägt auch nicht unbedingt zur lockeren Fahrweise bei. Schaut es euch bei den Moto-Crossern ab. Die lassen das Motorrad auch bei brutalen Waschbrettwellen und Buckeln unter sich arbeiten. Gebt dem Bike ein wenig Spielraum, dann stabilisiert es sich ganz von selbst. Auch wenn das Vorderrad mal über eine Wurzel wegschmiert, danach kommt wieder eine Stelle mit Traktion, und durch die Geschwindigkeit läuft das Schiff wieder auf Kurs.

DIE AUGEN STEUERN MIT

Die Steuerung durch die Augen ist entscheidend, das gilt in jeder Sportart. Was man mit dem Blick fokussiert, trifft man auch. Im negativen Sinne wäre das der einzige große Stein auf dem Trail, der einen magisch anzieht und wo das Vorderrad dann leider landen wird. Man kann diesen Effekt aber auch positiv nutzen, indem man nur dahin blickt, wo man wirklich hin will. Besonders in technisch kniffligen Passagen ist das essenziell. Nur durch die Konzentration auf das Wesentliche, das Ziel, kommt man in den Flow, der bereits in Kapitel 14 Singletrack beschrieben ist.

Neben der eigenen Fitness, der Konzentration und der Körperbeherrschung spielt das Material mittlerweile eine immer größere Rolle beim Bergabfahren. Ganz klar, dass ich mit einem Cross-Country-Hardtail eine andere Linie auf der Abfahrt einschlagen muss als mit der Downhillmaschine von Weltmeister Nicolas Vouilloz. Limitierender Faktor ist der Federweg. 20 cm gegenüber 4 cm. Da kann man schon mal irgendwelche Steinpassagen komplett ignorieren und die direkte Linie wählen. Aber auch Geometrie der Bikes und Details wie Vorbaulänge und Rahmenhöhe sind entscheidend. Als Faustregel gilt: Je mehr Federweg ich

Im Downhill-Zirkus geht es ernsthafter zu, als manche Fahrer glauben lassen. Professionelle Vorbereitung und Top-Material sind hier genauso gefragt wie in der Formel 1. Die Racer arbeiten eng mit den Entwicklern und Technikern zusammen. Viele der im Worldcup getesteten Produkte kommen dem Endverbraucher dann in der Serie zugute. Die Downhill-Piloten fahren sich vor dem Start auf Rollentrainern ein, damit das Herz-Kreislauf-System aufgewärmt ist und die Verletzungs-Gefahr verringert wird. Integralhelm, Brust- und Rückenprotektoren und Knie- und Ellenbogenschoner sind mittlerweile Standard. Was für Skifahrer die Streif in Kitzbühel ist, findet bei den Bikern in Kaprun statt. Viele Zuschauer, gute Stimmung und Action wie beim Super-Moto-Cross. Die Strecken werden immer spektakulärer, Sprünge über 15 Meter sind keine Seltenheit.

habe, desto direkter kann ich meine Linie wählen. Allerdings reden wir hier von Zeit sparen und schnell ins Ziel kommen. Also von Wettbewerben. Für uns Freerider gilt: Das Bike immer unter Kontrolle haben, man sollte jederzeit stoppen können, sonst landet man irgendwann im Colorado River oder der Ruhr.

Als Tipp für die, die nie ein Hardtail kennengelernt haben, also die Spätgeborenen unter euch: Viel Federweg macht faul. Also ruhig mal ein Hardtail vom Kumpel ausleihen und die Berge damit bezwingen, ihr werdet staunen, wieviel Feingefühl ihr damit entwickelt und um wieviel bewusster ihr mit dem Untergrund umgeht. Es schult auf jeden Fall das Fahrkönnen, weil man sehr viel präziser steuern muss, um das Bike auf dem richtigen Kurs zu halten.

Beim Thema Downhill unvermeidlich: Reifen. Unser einziger Kontaktpunkt zur Erdoberfläche. Hier keine Kompromisse eingehen. Falls ihr nicht 80 Prozent auf der Straße verbringt, kann ich von Semi-Slicks nur abraten. Keine Traktion und damit verbunden auch keine Bremswirkung. Für Fahrten im Gelände also ungeeignet.

Großvolumige profilierte Reifen der verschiedensten Hersteller bieten heute im Gelände ausgezeichnete Traktion und hohe Durchschlagsicherheit bei gleichzeitig niedrigem Rollwiderstand. Auch mit wenig Luft. Der richtige Reifendruck ist beim Downhill das A und O. Nur dadurch erreiche ich, dass der Reifen sich dem Untergrund anpasst und förmlich in sich aufsaugt. Ist der Pneu zu hart, wird er bockig und hüpft wie eine Gams von Stein zu Stein. Ich habe mich bei meinem Conti Vertical Pro bei 2,3 – 2,6 Bar Reifendruck eingependelt. Selbst bergauf würde ich niemals mehr als 3,0 Bar Luft aufpumpen, weil auch beim Uphill mit zu hohem Luftdruck die Traktion schlechter wird.

DOWNHILL-PARKS

Downhill-Parks sind eine super Sache, um die individuelle Fahrtechnik zu verbessern. Vorteil: Auch Fortgeschrittene kommen auf ihre Kosten. Spaziergänger oder Wanderer fühlen sich nicht belästigt.

Technik lernen leicht gemacht, weil man nicht erst eine konditionsraubende Bergauffahrt absolvieren muss, sondern durch mechanische Aufstiegshilfen mühelos zum Start kommt. Man hat also viel länger volle Konzentration. Auch hier gilt: vom Leichten zum Schweren. Zum Beispiel im BMW Bike Park in Bischofsmais. Erst die Freeride-Strecke beschnuppern. Wenn ihr euch dort sicher fühlt, weiter auf die DH-Strecke, dann Biker-X. Immer wieder probieren, denn viele Wiederholungen bringen Sicherheit, und die persönlich schwierigen Stellen ruhig genau inspizieren. Das Bike liegen lassen und zu Fuß nach verschiedenen Lösungen bzw. Linien Ausschau halten. Im Worldcup ist das nicht anders. Vor dem ersten Training ist offizielle Streckenbegehung, um sich mit dem Gelände vertraut zu machen.

PARTS UND BIKE CHECKEN

Wenn ihr ernsthaft ein Wochenende im Downhillpark ins Auge fasst, denkt an eure Sicherheit. Es bringt nichts, sich für Bruchteile von Sekunden wie ein Weltmeister zu fühlen und dann mit Gips im Krankenhaus aufzuwachen. Also erst Gehirn einschalten und dann den Berg runter. Unbedingte Voraussetzung: Gute und gewartete Ausrüstung, das Bike muss komplett intakt sein. Bremsen, Schrauben und Schnellspanner jedes Mal checken! Manchmal werden auch Teile durch den Lifttransport gelöst. Protektoren sind selbstverständlich. Haut wächst zwar nach, ganze Kniegelenke aber nicht. Der Rücken ist auch mittlerweile mit anliegenden Panzern gut zu schützen. Integralhelm wenn möglich, denn Zahnprothesen sind teurer als jeder Kopfschutz. Langfingerige Handschuhe sind ein Muss. Schon mal Schottersteine mit der Pinzette aus der Handfläche gepult? Ich ziehe lange Handschuhe sogar auf langen Touren im Sommer an. Man hat nicht so verschwitzte Finger, die dann von den Bremshebeln abrutschen und man ist besser geschützt. Zum Schluss eine Bitte: Downhill nicht auf öffentlichen Wegen trainieren, damit es nicht noch mehr Beschränkungen für uns Mountainbiker gibt.

Echtes Downhill-Feeling sollte man nur auf abgesperrten Strecken aufkommen lassen. Ideal sind Bikeparks oder Rennen, bei denen man genügend Zeit zum Trainieren hat. Integralhelm, Handschuhe und Protektoren sollten, ebenso wie ein gewartetes und gut eingestelltes Bike, selbstverständlich sein.

SCOTT

Bibliografische Information Der Deutschen Bibliothek
Die Deutsche Bibliothek verzeichnet diese Publikation in der Deutschen Nationalbibliografie; detaillierte bibliografische Daten sind im Internet über „http://dnb.ddb.de" abrufbar.

Bildnachweis
Titelfoto: **Heinz Endler**
Fotos:

Jean Marc Favre:	1,16/17, 18, 22/23, 24/25, 28/29, 38/39, 40/41, 44, 46, 47, 56/57, 59, 66, 70/71, 72/73, 74, 78/79, 82-85, 86, 91/92, 103
Heinz Endler:	6/7, 8/9, 58, 68/69, 76/77, 81, 85, 88/89, 90, 93, 96, 100/101, 105
Robert Bösch:	26/27, 36/37, 48/49, 52/53, 54/55, 62/63,102,113/114
Ronny Kiaulehn:	14/15, 31, 32/33, 50/51, 67, 98/99
Dirk Belling:	5, 20/21, 34/35, 42/43, 45, 75, 109
Stefan Bögli:	12/13, 65, 80, 94/95, 106/107, 109, 110/111, 114
Chris Blecher:	14, 19, 97
Eva Kaschewski:	10/11
Michael Müller:	114

4. Auflage
ISBN 3-7688-1370-3

Umschlaggestaltung: Ekkehard Schonart
Innenlayout: Vera Waldmann
Reproduktion: scanlitho.teams, Bielefeld
Druck: Koelblin-Fortuna-Druck, Baden-Baden
Printed in Germany 2005

Delius Klasing Verlag,
Siekerwall 21, D-33602 Bielefeld,
Tel.: 0521/559-0, Fax: 0521/559-115
E-Mail: info@delius-klasing.de
www.delius-klasing.de

Holger Meyer
Der gebürtige Dortmunder Holger Meyer entdeckt Anfang der 1990er Jahre das Mountainbike für sich. Nach Downhill World Cups und Biketests gibt der Ex-Nationalfahrer nun sein Know-how in diesem Buch preis. Die Rennerfahrung gepaart mit seinem Fachwissen aus dem Sportstudium bieten ideale Vorraussetzungen für Fahrtechnik-Workshops. Weitere Infos unter: ***www.dierasenmaeher.de***

Thomas Rögner
Der erfahrene Buchautor und freie Journalist Thomas Rögner pendelt zwischen München und Kapstadt/Südafrika. Als begeisterter Biker schwört er auf Mehrtagestouren wie Alpenüberquerungen oder Trips quer durch die Rocky Mountains. Er hat bereits mehrere Mountainbike-Bücher veröffentlicht, darunter „No Way – Bike Trial Tricks" und „Der ultimative Bike-Workshop". Bald mehr unter: ***www.thomasroegner.de***

AUF TOUREN KOMMEN:

TECHNIK, TUNING, TRAUMTOUREN

Mehr Spaß, mehr Speed, mehr Action: In diesen Büchern steckt alles, was man für einen heißen Bike-Sommer braucht. Technik, Tuning, Tricks für Einsteiger und Powerbiker. Alles ist drin, vom Schnupperkurs bis zum Profi-Trial, von der Kaufberatung fürs erste Mountainbike bis zu den neuesten Materialtipps für Kenner. Dazu Tourenführer durch die schönsten Alpen-Regionen und die Inseln im Süden.

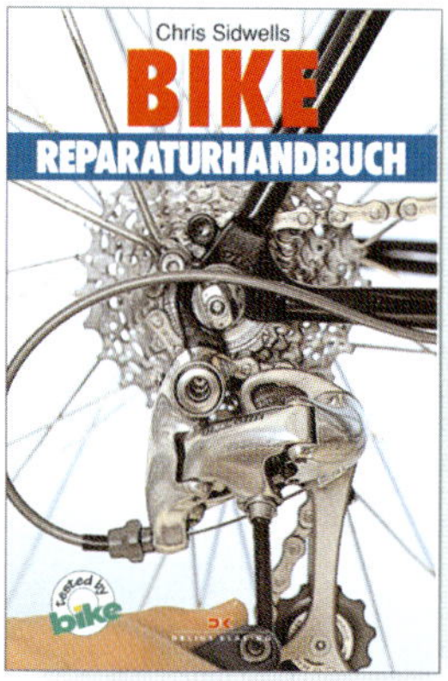

Chris Sidwells
Bike-Reparaturhandbuch
ISBN 3-7688-1599-4

Rob van der Plas
Mountainbike-Wartung
Pflege und Instandhaltung
ISBN 3-7688-5206-7

Holger Meyer /
Thomas Rögner
Bike Fahrtechnik
Basics – Kurventechnik – Singletrack – Bunny Hop – Wheelie – Downhill
ISBN 3-7688-1370-3

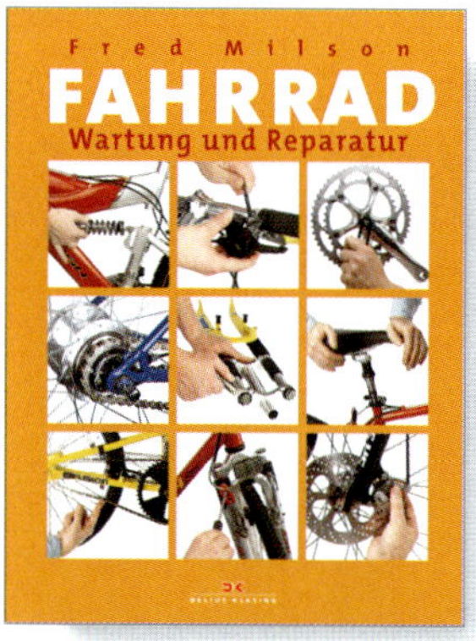

Fred Milson
Fahrrad-Wartung und -Reparatur
ISBN 3-7688-5205-9

Thomas Rögner
Der ultimative Bike-Workshop
Alle Reparaturen, Kaufberatung...
ISBN 3-7688-1115-8

DELIUS KLASING

Praxis

Stefan Herrmann
Besser Biken... (DVD)
ISBN 3-7688-8531-3

Florian Haymann / Ulrich Stanciu
Alles übers Mountainbike
Kaufberatung – Technikübersicht – Reparaturhilfe – Fahrtechnik – Tourentipps
ISBN 3-7688-1652-4

Christoph Listmann
Mountainbike-Marathon
Training – Taktik – Material – Ernährung – Durchführung – Profitipps
ISBN 3-7688-1423-8

Gunnar Fehlau
1000 Tipps für Biker
Komponentenauswahl / Wartung / Troubleshooting
ISBN 3-89595-156-0

Susanna & Herman Mills
Mountainbiking
Ratgeber zu Ausrüstung und Technik
ISBN 3-7688-1329-0

Erhältlich im Buch- und Fachhandel oder unter www.delius-klasing.de/shop

DELIUS KLASING

Ulrich Stanciu
Traumtouren Transalp
Die schönsten Alpenüberquerungen mit dem Mountainbike.
Mit interaktiver CD-ROM

ISBN 3-7688-1270-7

Ulrich Stanciu stellt insgesamt 18 einzigartige Überquerungen in den zentralen Alpen vor. Wichtiger Bestandteil des Buches ist die beigefügte CD-ROM. Mit Ihrer Hilfe kann der Leser sein persönliches Roadbook und sein Höhenprofil aus 638 Teilstücken (insgesamt 9252 Kilometer und 295.214 Höhenmeter) erstellen und ausdrucken.

Neu ist dabei ein Tagesetappenplaner und ein Tourenbewertungssystem. Ein ausführlicher Serviceteil gibt Ratschläge zu Terminierung, Planung, Ausrüstung und Verhalten während der Tour.

Ulrich Stanciu
Bike-Traumtouren
Dachstein-Tauern
Mit interaktiver CD-ROM

ISBN 3-7688-1372-X

Flückiger/Schranz/Stanciu
Bike-Traumtouren
Dolomiten Süd
Mit interaktiver CD-ROM

ISBN 3-7688-1371-1

Ulrich Stanciu
Bike-Traumtouren
Großglockner
Mit interaktiver CD-ROM

ISBN 3-7688-1453-X

Bike Guide

Elmar Moser
Bike Guide 2
50 Touren Karwendel – Wetterstein – Werdenfels

ISBN 3-7688-0731-2

Elmar Moser
Bike Guide 7
Genusstouren Oberbayern 1

ISBN 3-7688-1130-1

Elmar Moser
Bike Guide 11/Gardasee 1
50 Touren – Region Gardasee Nord und Ost

ISBN 3-7688-1002-X

Michael Leibl
Mountainbiken auf den Kanarischen Inseln
Teneriffa – La Gomera – La Palma
Mit herausnehmbaren Roadbooks

ISBN 3-89595-175-7

Dino Corda/Susanne Kiefer
Mountainbiken auf Sardinien
22 ausgewählte Touren, mit Roadbooks

ISBN 3-7688-5204-0

Carmen Fischer/ Helmut Walter
Mountainbiken auf Sizilien
20 ausgewählte Touren, mit Roadbooks

ISBN 3-7688-5221-0

Erhältlich im Buch- und Fachhandel oder unter www.delius-klasing.de/shop

DELIUS KLASING